HIWMOR
C'MON
MIDFFÎLD!

Diolch

I Alun Ffred a Mei Jones am greu campwaith.

I'r cast am ddelifro'r leins mor gofiadwy.

I deulu Gerallt Llewelyn am y lluniau.

I Rondo, S4C a Sain am roi caniatâd.

I Lefl a Cedron am eu hamynedd.

I Celt am ein hannog ni i neud y Pod yn y lle cynta.

Ac i Elin, Ffion a Lois am ddiodda'r holl ddyfynnu.

HIWMOR C'MON MIDFFÎLD!

Caio Iwan, Gethin Owen a Tom Gwynedd

y Lolfa

Argraffiad cyntaf: 2025
© Hawlfraint Alun Ffred Jones a Mei Jones, Rondo Media, S4C,
Sain (Recordiau) Cyf. a'r Lolfa Cyf., 2025

Cynllun y clawr: Celt Iwan a Sion Ilar
Lluniau gwreiddiol y clawr: Gerallt Llewelyn

Rhif Llyfr Rhyngwladol: 978-1-80099-767-7

Dymuna'r cyhoeddwyr gydnabod cymorth ariannol
Cyngor Llyfrau Cymru

Cyhoeddwyd ac argraffwyd yng Nghymru
ar bapur o goedwigoedd cynaliadwy gan
Y Lolfa Cyf., Talybont, Ceredigion SY24 5HE
e-bost ylolfa@ylolfa.com
gwefan www.ylolfa.com
ffôn 01970 832 304

RHAGAIR

Dim ar chwarae bach aeth y tri ohonon ni ati yn 2023 i recordio a chyhoeddi podlediad am ein hoff gyfres deledu. Wedi'r cyfan, roeddan ni wedi gwneud bron i dri degawd o waith cartra.

Roeddan ni am greu fforwm i ffans *C'mon Midffîld* gael lleisio barn a rhannu straeon. Roeddan ni isio mynd drwy'r sgwennu haenog efo crib mân, isio siarad efo rhai o'r actorion, datrys ambell ddirgelwch – ac roeddan ni am gael hwyl yn gwneud hynny.

Mae'r ymateb wedi bod yn well na'r disgwyl; mae wedi'n synnu ni a dweud y gwir. Ac er nad ydi'r pod wedi ennill gwobrau (eto), mae wedi llwyddo i daro tant efo carfan iach iawn o ffanatics fel ni ac wedi profi rwbath oeddan ni wedi'i amau ers tro – mae *C'mon Midffîld* yn parhau i fod mor boblogaidd ag erioed.

Wrth gwrs, fel unrhyw beth sydd bron â bod yn ddeugain oed, mae rhai pethau wedi dyddio'n well nag eraill. Ond ar y cyfan, mae'r gyfres yn dal i fod mor ddoniol a pherthnasol heddiw ag y buodd hi yn yr 80au hwyr a'r 90au cynnar.

Does yna ddim lot o waith ymchwil wedi mynd i'r gyfrol fach yma – am nad oedd angen. Mae pob golygfa bron – yn enwedig o'r bedair gyfres gynta a'r *Mwfi* – wedi'u serio ar y cof ers i ni fod yn blant. Ac wrth i ninnau hefyd fynd yn hŷn, mae rhywun yn dod i werthfawrogi fwyfwy y seibiau, yr ochneidio a'r nygets cynnil eraill.

Fel pocedi o Gymry ar hyd a lled Cymru (ond, o bosib, yn benna yn y gogledd), 'da ni'n tri yn dyfynnu o'r gyfres bron yn ddyddiol. Dim o reidrwydd yr asiffetas a'r paid-â-chwara-'fo-hwnnas, ond y dywediadau a'r ystumiau llai amlwg. Mae amseru un o'r rheini mewn sgyrsiau 'bob dydd' yn rhoi pleser pur i ni – er yn mynd ar nerfau ein gwragedd.

O osod y bar mor uchel felly, bosib iawn na wnawn ni gyfiawnder â *Midffîld* rhwng cloriau'r llyfryn bach yma. I'r puryddion, mae'n bosib mai crafu'r wyneb yn unig wnawn ni, ac i'r rhai sy'n pori drwy'r gyfres o dro i dro, bosib iawn y bydd gormod o fanylder yma ar adegau!

Er yn cydnabod mai cyfres radio oedd hi'n y lle cynta, ac mai yn fanno y dechreuodd y cyfan, moliannu'r gyfres deledu ydi'r nod yma. Felly i'r rheini sy'n meddwl fod y gyfres fuodd ar y weirles yn well, sori i'ch siomi chi ond does prin gyfeiriad at y gyfres radio yma. Prin iawn hefyd ydi'r cyfeiriadau at gyfres pump a'r ffilm *C'mon Midffîld a Rasbrijam*. Mi ydan ni'n tri o'r farn mai'r bedair gyfres gynta a'r *Mwfi* sy'n dangos hiwmor *Midffîld* ar ei orau.

Rydan ni wedi mynd ati i ddewis detholiad o'n hoff benodau, gan ganolbwyntio ar ambell i olygfa o fewn y penodau hynny sy'n crisialu hiwmor *Midffîld* i'r dim.

Fe rown ni bwt o grynodeb i bob pennod dan sylw i roi rhywfaint o gyd-destun.

Mae rhai o'n hoff olygfeydd yn perthyn i benodau nad ydan ni'n eu hystyried ymysg ein ffefrynnau, ond gobeithio fod y fformat yma yn llwyddo i gyfleu digon o'r hiwmor.

Ta waeth, os nad ydach chi wedi neud yn barod, ewch ati i wylio'r penodau ac ewch i fwynhau a gwerthfawrogi drosoch chi'ch hunain gomedi teledu Cymraeg ar ei orau.

Caio, Geth a Tom

*"DOES YNA DDIM MWY
I'W DDWEUD AM C'MON MIDFFÎLD."*

Alun Ffred Jones, 2025

Tudalen Spotify ROB *MIDFFiLD!*

Tudalen Apple Podcasts ROB *MIDFFiLD!*

Y MAES CHWARAE

CYFRES 1, PENNOD 1

CRYNODEB

Y bennod gynta, a'r comiti cynta. Mae Arthur Picton – cadeirydd a rheolwr Clwb Pêl-droed Bryncoch – yn obeithiol ar drothwy tymor newydd. Ond buan iawn mae hynny'n newid.

Efo marwolaeth yr hen Huw yn gefndir i'r cyfan, ac er gwaethaf y gobeithion mawr am gipio'r gynghrair, mae'n dod i'r amlwg nad oes gan Picton ddigon o chwaraewyr i wneud tîm ar gyfer gêm gynta'r tymor hyd yn oed.

Yn syth, mae cynllwynio Picton ar waith wrth i'r stori ledaenu fod clwy'r traed a'r genau ar Fferm Wern Bach, cartref y tîm.

Ar ôl i Tiwdor, y ffermwr blin a pherchennog y cae ffwtbol, gael sniff o ddrygioni Picton, mae'n rhoi wltimatwm: chwarae'r gêm i brofi nad ydi'r stori ffwt and mowth yn wir, neu beidio chwarae'r un gêm yno eto.

Mae'r gêm yn mynd yn ei blaen, ond mae gan Picton syniad arall fyny ei lawes.

Gan mai ond un bêl gall sydd ar gael (sy'n rhoi syniad i chi o safon y gynghrair), petai honno yn mynd ar goll, meddylia Picton, byddai'n rhaid abandon match ac osgoi yr embaras o golli'r gêm agoriadol yn drwm. A hynny heb bechu Tiwdor.

Wali, wrth gwrs, sy'n cael ei roi ar waith i ddwyn y bêl ar ôl i Tecs ei chicio dros ben clawdd. Ond mae Wali, ag yntau'n meddwl ei fod wedi gwneud popeth yn iawn, yn dod i wybod ei fod wedi dwyn y bêl efo Bryncoch – yn groes i'r disgwyl – ar y blaen 5-3.

Bu'n rhaid gohirio'r gêm ac mi fethodd cynllun Picton; sy'n arwydd o'r hyn sydd i ddod.

HOFF OLYGFA: Y COMITI CYNTA

Mae'r rhan fwyaf o'n hoff olygfeydd yn digwydd yn y stafell gomiti (byddai ei galw'n 'stafell bwyllgor' yn teimlo'n chwithig) ac mae'r bennod gynta yn gosod y bar yn uchel iawn.

Cawn wybod fod yr hen Huw – aelod o'r pwyllgor – wedi'n gadael ni a bod cadair wag (ffordd o siarad) y noson honno. Felly mae Picton am gael dau funud o ddistawrwydd, er mawr syndod i Tecs sydd methu dallt pam fyddai Picton isio dau funud o ddistawrwydd mewn stafell fach efo dim ond Picton, Tecs a Wali yn bresennol.

Mae Wali, wrth reswm, yn ufuddhau ac mae'r tri yn codi ar eu traed. Ar ôl sawl ymgais, mae'n dod i'r amlwg nad ydi watsh (Gymraeg?) Tecs yn gweithio ac mae Wali'n ei chnocio ar y bwrdd i dorri ar y distawrwydd…

Picton: Gwranda, jest cyfra i 60 – ddwywaith
            os alli di'm cyfri cyn bellad, iawn?!

Wali: Does i'm isio bod yn sarcastic.

Picton: (yn codi ei lais) Reit. Er cof am yr
            hen Huw, heddwch ei lwch, reit…

Wali: (ar ôl ychydig o oedi) Un, dau, tri,
            pedwar…

```
Picton:    (yn gweiddi) Be ti'n neud?!!

Wali:      Cyfri!
```

Y cwestiwn yma ydi, pam fod Picton yn teimlo fod angen dau funud o ddistawrwydd? Siawns na fyddai 60 eiliad wedi bod yn ddigon poenus?

"Chwara teg, Arthur – chdi o'dd isio hyn, de?" medda Tecs yng nghanol ymbalfalu Wali, yn ei dôn siomedig, anobeithiol arferol.

Mae'r dynamics yn yr olygfa yma yn crisialu'r triawd i'r dim. Siŵr o fod mai'r tri yma sy'n cael y rhan fwyaf o'r amser sgrîn, ac felly mae'r berthynas sydd rhyngddyn nhw yn allweddol i lwyddiant *Midffîld*. Wali y clown bach addfwyn, Picton y bwli awdurdodol, a Tecs y llais rhesymegol.

Cryfder golygfeydd y comiti ydi cyflymdra'r ddeialog. Mae hyn ar ei orau pan mae Picton yn rhestru'r tîm sydd – yn ei farn o – ag "eitha chance am y lîg 'leni".

```
Picton:    Yn y gôl, a chapten, Tecwyn Parri
           'ma.

Wali:      Dechra da.
```

Ar ôl i Picton enwi'r pedwar yn y cefn yn ddi-drafferth – Harri, Graham, John Bocsar a Geraint Wyn, wrth gwrs – mae'r cyfan yn ymddatod.

```
Picton:    Canol cae ar y dde, Arwyn Plas.
```

Tecwyn: O, fedar o'm dŵad os fydd hi'n braf, mae o isio beilio.

Picton: A rŵan mae o'n deu'tha i? Ia, oreit *(yn croesi enw Arwyn Plas allan o'r tîm)*. Canol midffîld, Bryn Bwr Dŵr.

Tecwyn: Os bydd hi'n bwrw fedar o'm chwara, fydd rhaid 'ddo weithio.

Picton: O be dwi fod i neud efo peth fel'a?

Wali: Gweddïo am eira?

Picton: Ochr chwith, Richie.

Tecwyn: O, mae o wedi rhoi'r gora i chwara.

Picton: Ers pa bryd? Nos Sadwrn o'n i'n siarad efo fo.

Tecwyn: Ers pan ddudodd ei wraig wrtha fo neithiwr, Bryncoch neu hi…

Wali: A ddewisodd o'i wraig?

Tecwyn: Wel na, hi nath…

Picton: Bradwr!

Tecwyn: Wel fel'a ma hi mewn amball i dŷ, de?

Picton: Ia, Tecwyn… wyt ti yma, dwyt?

I roi cyd-destun, yn gynharach yn y bennod, 'da ni wedi cael awgrym go gryf nad ydi Tecs mewn priodas hapus iawn.

Mae ei wraig, Jean, yn flin (ac yn fud hefyd am y cyfresi cynta) ac wedi bod yn cuddio'i sgidia pêl-droed o yn y bin am nad ydi hi'n hapus ei fod o'n dyfalbarhau fel golwr.

Picton: Reit. Yn y blaen, Neville.

Wali: Ar ei wylia yn Majorca.

Picton: *(yn croesi enw Neville allan o'r tîm)*
          Emlyn Bach…

Wali: Efo Neville yn Majorca.

Picton: *(yn croesi enw Emlyn Bach allan*
          o'r tîm ac yn gynyddol rwystredig)
          Steven… *(yn troi at Wali)* a paid â
          deud 'tha i bod hwnnw yn Majorca
          hefyd?

Wali: Nac'di…

Picton: Diolch byth am hynny ta…

Wali: Mae o'n Portiwgal…

Picton: *(yn croesi enw Steven allan o'r tîm)*
          Arglwydd mawr! Syb…

Wali: *(yn gofyn iddo fo'i hun)* Efo pwy aeth
          o 'fyd?

Picton: Wili Bringo…

Wali: A ia, dyna chi, dyna efo pwy aeth o!

Picton: O pam na 'sa 'di deud 'tha i 'nghynt?

Wali: Natho chi'm gofyn i mi naddo.

Picton: Bradwrs!

Tecwyn: Wel chwara teg Arthur, titha wedi'i
          gadael hi braidd yn ddiweddar, do?

Picton: Oo, o 'mai i ydi o rŵan Tecwyn,
          ia? 'Mai i fydd o os bydd hi'n bwrw

neu'n braf dydd Sadwrn? Fi 'di gwraig Richie, ia? Fi drefnodd y gwylia 'ma yn Majorca neu Italy, ia?

Wali: Portiwgal...

Picton: Portiwgal, oo wela i...

Tecwyn: Ia, ond be 'da ni'n mynd i neud?

Picton: Dwn i'm amdana chi, ond mae gen i betha amgenach i'w g'neud...

Tecwyn: Be?

Picton: Symud wardrob, nos dawch!

Nid dyma fydd y tro ola i Picton adael y comiti yn gynnar. Mae hynny'n digwydd ar sawl achlysur, yn aml gan ebychu rhyw ffurf o "dwi'n mynd i'r Bull am beint" ar ei ffordd allan.

O ran yr olygfa benodol yma, mae'r awyrgylch wedi troi – mewn mater o funudau – o fod yn un o fyfyrdod, i obaith, i anobaith. O gydnabod marwolaeth aelod o'r pwyllgor, i ddau funud o ddistawrwydd ffaeledig, i drafod gobeithion mawr y tîm am y tymor, i roi stop ar y pwyllgor yn gynnar am nad oedd digon o chwaraewyr ar gael i roi tîm at ei gilydd ar gyfer y gêm agoriadol.

O'r llon i'r lleddf – un o gryfderau *Midffîld*.

Un funud mae Picton yn siarad am ennill y gynghrair a'r funud nesa mae o'n cau y drws – yn glep, fel arfer – gan adael i Wali a Tecs gyfnewid ambell air cyn i'r olygfa ddod i ben.

Dyma un o fformiwlâu llwyddiannus *Midffîld*. Maen nhw'n amrywio rhywfaint wrth reswm, a'r drefn o bwy sy'n gadael pryd yn newid, ond mae'r canlyniad wastad yn un o hiwmor pur.

PWY 'DI PWY?

Enw: Arthur Rowland Picton

Safle / Swydd: Rheolwr Clwb Pêl-droed Bryncoch a gyrrwr fan becws Bara Beunyddiol

Cryfderau: Hyddysg yn y Beibl; teyrngar i Glwb Pêl-droed Bryncoch; darllenwr mawr.

Gwendidau: Spelling; tuedd i ddiarddel pobl o'r clwb a'r pentref heb ganiatâd; cyfweliadau byw; colli tymer; colli; celwyddog; merched canol oed o'r Eidal.

Hoff ddyfyniad: *(mewn ymateb i Wali yn galw Gwen Wyn Ifans yn "llac ei thafod")* "Llac ei lastig 'fyd tra oedd ei gŵr hi ar y môr."

Enw: Walter 'Wali' Tomos

Safle / Swydd: Llumanwr Bryncoch a dyn sbynj a sbrê

Cryfderau: Casglu pres; chwarae Monopoly; cof da; ffyddlondeb; ei gariad at CPD Bryncoch; gonestrwydd.

Gwendidau: Canu carolau; llnau ffenestri; cymorth cynta; busnesu; tuedd i gamddallt; llumanwr gwael; camddefnyddio ei rôl fel llumanwr er mwyn twyllo; coginio.

Hoff ddyfyniad: "Cofia Tecs, ma bywyd fath â pryd Chinese – ni cheir y melys heb y chwerw."

Enw: Tudor ('Tiwdor')

Safle / Swydd: Ffermwr ar Fferm Wern Fach a pherchennog cae pêl-droed Bryncoch

Cryfderau: Ffermwr gweithgar a phrofiadol; ei gariad tuag at anifeiliaid; ei dad yn meddwl y byd o'r clwb; hoff o wrando ar raglen *Byd Amaeth* ar y radio.

Gwendidau: Clecio wisgis os yn colli moch bach a'r fam; yn dueddol o werthu ei anifeiliaid mewn sêl; ddim yr un cariad at y bêl-droed ag oedd gen ei dad; yn dueddol o golli ei dymer pan fo rhywun yn awgrymu fod clwy'r traed a'r genau ar y fferm.

Hoff ddyfyniad: *(Mewn ymateb i awgrym Wali bod ffwt an' mowth ar yr anifeiliaid)* "Ffwt an' mowth, be ti'n rwdlian?"

1 5

Y TRIP

CYFRES 1, PENNOD 5

CRYNODEB

Mae hi'n noswyl un o'r gemau pwysica yn hanas y clwb: cwortyr ffeinal y Ronson Cup yn erbyn Cei Connah.

Ar ôl setlo'r stafelloedd, mae pawb – oni bai am Wali a Picton – wedi penderfynu mynd allan i glybio ym Mhrestatyn.

Tra bod y chwaraewyr a Sandra yn meddwi ar Babycham a brandi, mae Wali yn llwyddo i ddarbwyllo Picton bod ei ferch yn saff yn nwylo Tecs, yn ddiarwybod bod y gôli cyfrifol wedi'i ddallu gan ddynes mewn stiletos, sysbendars a gwallt pinc o Dremeirchion; Lowri aka Miss Candy Floss.

Bore ddaw, ac mi gawn ni ein tywys – mewn ffit o wylltineb – o un stafell wely'r gwesty i'r llall gan Picton. Mae Sandra, er mawr ryddhad i'w thad, ar ei phen ei hun. Ond tydi Tecs ddim.

Er ei gamweddau'r noson gynt, mae Tecs yn cael gêm ei fywyd. Ac er mai colli mae Bryncoch, mae Tecs yn cael pob maddeuant gan Picton (os nad gan ei wraig).

Mewn tro annisgwyl ar ddiwedd y bennod, mae'n ymddangos nad Tecs oedd yr unig fu'n godinebu ym Mhrestatyn. Mae 'na awgrym cryf fod George wedi bod yn cysgu yng ngwely un o aelodau staff y gwesty – ciw Sandra yn rhedeg ar ei ôl yn ei alw'n "sglyfath budur".

HOFF OLYGFA: WALI A PICTON YN RHANNU GWELY YN Y GWERSYLL

Wrth i'r criw iau (a Tecs) ddod yn gyfarwydd â sin glybio Prestatyn, mae dau brif gymeriad y gyfres yn rhannu gwely yn y gwesty.

Mae'r sgwrs yn troi at lenyddiaeth, Coleg Bywyd a helyntion Jen Tŷ Cocyn. Dyma un o'n hoff sgyrsiau rhwng Picton a Wali, lle mae agosatrwydd eu perthynas yn dod i'r amlwg am y tro cynta.

Un peth sy'n amlwg, mae Picton yn fwy parod ei gelwydda yng nghwmni Wali. Yn benna, siŵr o fod, am ei fod o'n hyderus y bydd Wali yn eu coelio. Ond mae hefyd yn amlwg fod gan Picton rhyw gymhleth israddoldeb – neu 'inferiority complex' i chi a ni – pan mae'n dod at Tecs.

Wali: Ond 'na fo, ma Tecs 'di darllan llawar, do?

Picton: Dw inna 'fyd! Ddydd a nos ers talwm.

Wali: Ia, ond fuoch chi ddim yn coleg naddo, Mr Picton?

Picton: Coleg bywyd, te 'ngwash i. Dod i nabod y ddynol natur, te.

Wali: Ia. Go dda.

Sy'n ein harwain ni'n daclus iawn at un o'r eiliadau yna yn y gyfres lle mae'n anodd iawn (dim ots faint o weithiau i ni wylio'r bennod) peidio chwerthin.

Picton: Na... o'n i'n ddarllenwr mawr iawn ar un adag. Darllan y clasuron i gyd.

Wali: Be... poetri a ballu?

Mae'r ffordd mae Wali yn dweud y gair 'poetri' yma yn awgrymu nad ydi o wedi darllan lot o farddoniaeth ei hun.

Picton: Ia… Cynan, Shakespeare a heina. Ew,
            Eifion Wyn oedd y dyn. Bardd mawr
            iawn, mawr iawn.

Wali: Mwy na chi hyd yn oed?

Picton: Oedd. Wel, mewn amball i beth, de.

Allwn ni ond cymryd o hyn fod Picton, rhyw dro, wedi perswadio Wali ei fod yntau yn fardd mawr.

Wali: Be ddigwyddodd iddo fo, Mr Picton?

Picton: Mmm… *(yn meddwl yn ddwys)* Marw
            te, Wali. Yn y Rhyfal Mawr. Bardd
            y Gadair Ddu. Glywis di am honno,
            debyg?

Wali: Mahogani?

Picton: Mahogani *(yn troi ei drwyn)*.
            Birkenhead!

Wali: Birkenhead?

Picton: Ia, Birken-blwmin-head.

Wali: Wrth Lerpwl?

Picton: Wel wrth gwrs wrth Lerpwl. Lle
            gythraul arall mae o? Arglwydd… be
            ddysgon nhw i chdi yn 'rysgol, dŵad?

Wali: Dyna lle aeth Jen.

Picton: Pwy?

18

Wali: Jen Tŷ Cocyn. Mi briododd efo dyn
           gwerthu tin-tacs o Birkenhead. A
           welodd neb moni byth wedyn. Eifion
           wbath oedd enw hwnnw.

Picton: Ia, ond dim ond un Eifion Wyn o'dd
           yna, te.

           'Aros mae'r mynyddau mawr,
           Rhuo drostynt mae y gwynt.'

           Ew, 'na ti ddeud, Wali. 'Sa 'di
           cyrradd y top 'sa 'di cael byw, 'sdi.

           'Wele ddyfod mis y mêl,
           Mis y gwcw, mis y… mis y sêl…'

           Ew, 'na chdi, Wali. Nabod y ddynol
           natur, de? Wali… Wali? Wali?! *(Picton
           yn sylweddoli fod Wali wedi disgyn
           i gysgu rhyw dro rhwng yr holl
           gamddyfynnu.)* Bardd cwsg ar f'enaid i…

Hyd yn oed i'r rheini ohonon ni sydd ddim yn hyddysg iawn yn
ein barddoniaeth, mae'n reit amlwg fod Picton wedi cymysgu ei
feirdd yma.

Hedd Wyn, wrth gwrs, oedd bardd y Gadair Ddu yn Eisteddfod
Genedlaethol Penbedw yn 1917, a fo – nid Eifion Wyn – fuodd
farw yn y Rhyfel Mawr.

Mae Picton yn adrodd rhan o'r gerdd 'Mai' gan Eliseus Williams
(Eifion Wyn, 1867–1926), ac os nad oeddech chi'n gwybod yn
barod (doeddan ni ddim), dyma'r geiriad iawn:

Gwn ei ddyfod, fis y mêl,
    Gyda'i firi yn yr helyg,
    Gyda'i flodau fel y barrug –
Gwyn fy myd bob tro y dêl.

Mae Picton mor agos, ac eto mor bell. Mae o'n ymddangos yn hollwybodus, ac eto nid dyma'r tro cynta iddo fo gymysgu ei farddoniaeth, chwaith.

Ym mhennod 'Cicio a Brathu' yng nghyfres 5, mae'n adrodd:

"Trawsfynydd tros ei feini – gyr y byd
    Ei cherbydau drosti."

Sydd, yn gymysgedd o:

Trawsfynydd! Tros ei feini – trafaeliaist
    Ar foelydd Eryri:
    Troedio wnest ei rhedyn hi,
    Hunaist ymhell ohoni.

sef un o 'Englynion Coffa Hedd Wyn' gan R. Williams Parry (1924),

ac

Uchelgaer uwch y weilgi – gyr y byd
    Ei gerbydau drosti,
    Chwithau holl longau y lli
    Ewch o dan ei chadwyni.

sef geiriau'r bardd Dewi Wyn o Eifion am Bont y Borth 'nôl yn y bedwaredd ganrif ar bymtheg.

Allwch chi ond edmygu parodrwydd Picton i ddyfynnu cerddi, ond pur anaml mae o'n eu cael nhw'n iawn.

PWY 'DI PWY?

Enw: Sandra Elizabeth Huws / Picton

Safle / Swydd: Gweithio tu ôl i'r bar yn y Bull.

Cryfderau: Cydwybodol; cadw trefn ar y gweddill; cwisfeistres; dynes gall a chyfrifol; gwerthu tosters; caniatáu sesh hwyr i'r hogia; dealltwriaeth dda efo Glyn (hogyn neis).

Gwendidau: Prynu dillad i'w thad; sgiliau gôl-geidwad.

Hoff ddyfyniad: "Rheolwr yn beio'i gôli am fod ei dîm gwael o'n colli, gôli sydd ddim isio mynd i siopio efo'i wraig bob p'nawn Sadwrn, leinsman yn meddwl fod o'n coach a... chwaraewr yn meddwl fod o ddigon da i chwarae i Rhyl... Nagwyt, George, ti ddim digon da."

Enw: George Winston Huws

Safle / Swydd: Streicar Bryncoch

Cryfderau: Sgorio gôls; carioci; ateb cwestiynau pêl-droed; yn gallu rhoi areithiau ysbrydoledig.

Gwendidau: Y Bull; hedbytio; gamblo; magasîns o fochyndra aflan; treulio amser yn y carchar; amharod i chwilio am waith; treiglo.

Hoff ddyfyniad: *(Mewn ymateb i amheuaeth y dyfarnwr Mr Huws ei fod wedi bod yn yfed alcohol yn ystod gêm)* "Chewio Wine Gums dwi, iawn sbrych?!"

Enw: Lowri Tremeirchion

Safle / Swydd: Cyn-ddisgybl Ysgol Glan Clwyd

Cryfderau: Gadael ei marc; cymeriad llawn bywyd.

Gwendidau: Gadael ei marc; gwyllt; dynion priod; drud i'w chadw.

Hoff ddyfyniad: *(Gan gyfeirio at y 'lovebite' – ffrwyth ei llafur – ar fol Tecs)* "Presant bach o Glwyd, Taid!"

CÂN DI BENNILL FWYN

CYFRES 2, PENNOD 1

CRYNODEB

Mae Bryncoch ar rediad da ac yn dathlu buddugoliaeth hanesyddol. I ddathlu, mae'r criw – wedi'u harwain gan bwy arall ond Picton – yn awyddus iawn i gael sesh hwyr ar ôl i'r Bull gau ei drysau.

Ond mae 'na blismon newydd yn y pentra ac mae PC Derek yn eu dal wrthi ar ôl stop tap. I atal yr heddwas awyddus rhag cymryd camau pellach, mae Picton yn ei arwyddo i Fryncoch er mwyn ei gadw'n llawen ac yn llon.

Tydi pob chwaraewr ddim yn or-hoff o rannu cae â heddwas, heb sôn am rannu stafell newid – yn enwedig o ystyried fod gan hanner y tîm record droseddol. Mae'r cyfan yn mynd yn ormod i George, sy'n ymosod ar Derek ar y cae.

Mae Wali, sy'n brysur yn darllan llyfr cowbois, yn rhoi copsan (welsoch chi be naethon ni yn fanna?) i Picton yn rhoi pres i Derek.

Ar ôl rhywfaint o groesholi yn y comiti, mae'n dod i'r amlwg fod Derek yn blacmelio Picton am nad ydi o erioed wedi pasio'i brawf gyrru. Mae selogion y Bull yn dod at ei gilydd – wedi'u hysbrydoli gan gynnwys llyfr Roy McCoy and the Red Hill Gang – i ddial ar Derek.

HOFF OLYGFA: GLYN FFIDICH

Hyd yn oed os nad ydach chi'n ffans o *Midffîld*, mae 'na siawns go dda eich bod chi wedi clywed am yr olygfa yma.

Yn ôl rhyw fath o bôl piniwn answyddogol gan S4C yn 2010, cafodd ei dewis fel golygfa fwya cofiadwy y gyfres.

Dros y blynyddoedd mae hi wedi dod yn olygfa sy'n diffinio *C'mon Midffîld*. Ac er ein bod ni wedi cael cyfnodau o'i chymryd yn ganiataol, does yna ddim dwywaith ei bod yn haeddu rhywfaint o ddadansoddiad pellach.

Ond mae hi'n werth nodi'r cyd-destun. Yn y panig o wybod fod heddwas yn cylchu'r Bull am ei bod hi ymhell wedi amser cau, mae'r criw yn mynd i guddio yn y toiledau. Pawb ond Wali druan.

Mae Picton yn gwrthod gadael i Wali ymuno â'r gweddill yn y tŷ bach. "Sa'm lle 'ma. Dos o 'ma! A diffodd y gola!"

Maen nhw i gyd yn cael eu dal gan Derek, yr heddwas ifanc, sy'n gofyn am eu manylion...

Derek: Reit. Enwa. Chi.

Tecs: Tecwyn Parri.

Derek: Cyfeiriad?

Tecs: 4 Maes Tirion, Bryncoch.

Plismon: Nesa?

Picton: Arthur.

Plismon: Syrnâm?

```
Picton:     (Ar ôl edrych ar y poteli wisgi tu
            ôl i'r bar) Bell. (Yn fwy awdurdodol
            fyth) Bell. Bryn Glas. Bae Colwyn.

Derek:      (yn troi at George) Chdi.

George:     Walker. John Walker. 5 George Street,
            Caergybi.

Plismon:    Ia?

Wali:       Glyn.

Plismon:    Syrnâm?

Wali:       Ffidich.

Plismon:    Glyn Ffidich. Ydach chi'n siŵr?

Wali:       (mewn panig) Yndw tad, gofynnwch i
            Mr Picton!
```

Y cryfder mawr yma ydi'r seibiau, y distawrwydd a'r oedi rhwng pob ateb. Mae'n cyfrannu at y tensiwn, ond hefyd i'r hiwmor.

Mae ateb pob cymeriad yn adlewyrchiad reit deg o'u cymeriadau hefyd. Greddf Tecs ydi deud y gwir. Mae'n rhoi ei enw a'i gyfeiriad yn llawn. Dydi hynny ddim yn syndod, ond mae Picton yn siomedig ynddo'r un fath. Mae o'n rhoi rhyw olwg i Tecs, gystal â deud: "Be ddiawl ti'n neud?"

Mae Picton ei hun, wrth reswm, yn barod iawn i ddeud celwydd wrth yr heddlu. George yr un fath. Dan bwysau mawr, mae Wali yn y pen draw yn dod i ddallt be sy'n digwydd ac yn edrych tuag at y poteli wisgi tu ôl i'r bar am ysbrydoliaeth.

Pan ddaw hi'n dro Wali i ddewis ffugenw, mae Picton yn sbio ar ei draed, bron fel petai'n gweddïo am achubiaeth. Mae'n codi ei ben mewn penbleth wrth iddo fo glywad "Glyn" – gan sganio'r poteli ar wib – cyn y clinshar, "Ffidich".

Mae'n debyg mai'r pynshlein gwreiddiol oedd "Brown, Newcastle", ond fod hynny heb wneud y cyt am nad oedd yn teimlo'n iawn. Dwi'n meddwl ein bod ni gyd yn gytûn eu bod wedi gwneud y penderfyniad iawn.

PWY 'DI PWY?

Enw: Derek

Safle / Swydd: Plisman

Cryfderau: Diawl bach yn cîn; trylwyr yn ei waith; gwirio teiars blaen.

Gwendidau: Amhoblogaidd ymysg ei gyd-chwaraewyr; ddim yn pasio, yfed Britvic Orange mewn tafarn.

Hoff ddyfyniad: *(Eiliadau cyn i George roi hedbyt iddo fo)* "Dwi'n trênd i ddelio efo hedars 'tha chdi."

Enw: Huw

Safle / Swydd: Plisman

Cryfderau: Plisman poblogaidd a theg; perthynas efo Trefor.

Gwendidau: Gadael i'r gweinidog yfed a gyrru.

Hoff ddyfyniad: *(Mewn ymateb i sesh hwyr yn y Bull)* "'Da chi isio fi bwcio nhw, Sarj?"

Enw: Ted

Safle / Swydd: Landlord tafarn y Bull

Cryfderau: Chwarae'r piano; caniatáu sesh hwyr i'r hogia; aelod ffyddlon a phoblogaidd o'r pentref; caniatáu i wersi Eidaleg gael eu cynnal yn y dafarn; edrych ar ôl ei gwsmeriaid drwy dynnu peint da.

Gwendidau: Y dafarn ddim yn gwerthu brecwast *(cereals)*; ddim yn un am sgwrsio efo'i gwsmeriaid.

Hoff ddyfyniad: "Sori Wali, 'sgen i'm Rice Krispies."

CRAIG O ARIAN

CYFRES 2, PENNOD 2

CRYNODEB

Wrth i Glwb Pêl-droed Bryncoch chwilio am noddwr i gael cit newydd, daw dyn busnes i'r fei – ac mae ganddo gynnig all Picton mo'i wrthod.

Mae gan Tecs ei amheuon am y cynnig hwnnw, sydd wedi'i dderbyn gan Picton heb ymgynghori efo'r comiti. Mae Mr Craig yn adeiladwr ac yn gynghorydd, wedi'r cwbl – a'r si ar led ydi ei fod yn bwriadu codi tai yng nghanol y pentra. A pha le sydd fwya addas a chyfleus? Y cae ffwtbol.

Yn y cyfamser, mae 'na dŷ gwydr newydd wedi'i godi mewn lle anaddas ac anghyfleus iawn, tra bo cyw iâr y cigydd lleol wedi troi stumog Wali.

Ond mae'r gwenwyn bwyd yn fendith yn y pen draw, gan mai dyna sy'n achosi i Wali dorri mewn i dŷ Gwen Wyn Ifans er mwyn defnyddio'i thŷ bach. Ac yma mae Wali yn rhoi copsan i Mr Craig, sy'n cefnogi'r theori mai llac ydi lastig Mrs Ifans, ac sy'n ddigon o reswm i Mr Craig ffoi heb godi bricsan.

I osgoi dwyn achos yn ei erbyn yntau am wenwyn bwyd, mae'r cigydd Timothy Owen Wallis yn cytuno i noddi Bryncoch ac yn rhoi ei enw, wedi'i dalfyrru, ar flaen y cit newydd. Mae'n darllen: Tim. O. Wallis.

HOFF OLYGFA: Y BÊL YN TORRI'R TŶ GWYDR AM Y TRO CYNTAF

Chwarae ar eiriau ydi un o gryfderau *Midffîld* – mae teitl y bennod yn awgrymu fod hynny ar droed yma.

Yn y bennod, mi ddown ni i glywed am Gwen Wyn am y tro cynta – neu 'Poison Ivy' (Gwen Wyn = gwenwyn), Bryn Eiddew gynt (eiddew = ivy).

Yn hynod hunanol, ac esgeulus iawn, mae Mrs Ivy/Ifans wedi codi tŷ gwydr yn ei gardd, sydd digwydd bod yn cefnu ar gae ffwtbol Bryncoch. Mae hyn – fel mae Wali yn iawn i bwyntio allan – yn greisis. Ond mae Picton yn ffyddiog:

Wali: Sbïwch! Doedd o'm yna wsos dweutha.

Picton: Pwy sy'n byw yn fanna 'fyd?

Wali: Poison Ivy.

Picton: Pwy?!

Wali: Gwen Wyn, Bryn Eiddew gynt. Ew, oedd hi'n llac ei thafod.

Picton: Llac ei lastig 'fyd tra oedd ei gŵr hi ar y môr.

Wali: Be wnawn ni?

Picton: Sna'm isio poeni am beth fel'a, nag oes? Am y gôl fydd yr hogia'n saethu, te…

Wali: Iawn… os 'da chi'n deud.

Dyma optimistiaeth Picton ar ei orau. Os oes 'na un tîm yn debygol o falu tŷ gwydr ar ochr cae ffwtbol, Bryncoch ydi'r tîm hwnnw.

Mae'n brawf hefyd fod Wali, o dro i dro, yn gallu siarad synnwyr. Roedd o wedi rhagweld y peryglon. Ac eto, Wali sy'n gorfod mynd i nôl y bêl o'r tŷ gwydr pan mae'r anochel yn digwydd.

```
Picton:    (ar ôl i'r bêl daro'r tŷ gwydr) Dos i
           nôl hi, reit handi, dos!

Wali:      O, pam fi?!

Picton:    Am na chdi oedd yn mynnu bod hyn yn
           mynd i ddigwydd, te.
```

Sut fath o gyfiawnhad ydi hynna?! Wali druan.

Mae'r weithred o dorri'r tŷ gwydr ynddi'i hun yn werth sôn amdani hefyd. Yn bennaf, am mai ymateb y chwaraewyr ar y cae ydi dathlu'n uchel y ffaith bod Neville wedi torri paen.

Ar hynny, pan welwn ni Mrs Ifans am y tro cynta, mae hi'n dod allan yn ei choban nos. Dipyn o ffordd i gyflwyno'ch hun. A dipyn o ymateb gan Picton, sydd ar ei gwrcwd yn trio cuddio tu ôl i'r gwrych, yn amlwg yn gwybod fod pryd o dafod ar y ffordd.

```
Mrs Ifans: A waeth i chitha heb â trio cuddiad
           yn fanna chwaith, Arthur Picton.

Picton:    Ew, Mrs Ifans, sut yda chi? Digon
           symol?
```

```
Mrs Ifans:    Peidiwch chi â trio ffalsio hefo
              fi.

Picton:       Ddudish i 'tha chdi am beidio mynd
              dros y ffens 'na do, Wali?

Wali:         Ia, ond...
```

Torri'r paen neu beidio, mae'n amlwg nad oes gan Mrs Ifans ryw lawer o feddwl o Picton. Dyma enghraifft o berthynas wael arall sydd gan Picton efo aelod o'r pentref, sy'n cyfiawnhau sylw gan Tecs reit ar ddechrau'r bennod pan yn trio dod o hyd i noddwr:

```
Tecs:         'Da ni'n gorfod gwrthod heini sydd
              efo diddordeb achos bod chdi'm yn
              licio nhw. A dydi'r gweddill ddim yn
              fodlon achos dydyn nhw'm yn licio
              chdi!
```

Ond pa ryfadd fod Picton mor amhoblogaidd yn ei gymuned? Mae'n un celwydd ar ôl y llall. Er mai Neville – sydd, er ar y cyrion, yn aelod ffyddlon o'i sgwad – oedd yn gyfrifol am dorri'r paen, mae Picton yn mynnu mai "un o'u hogia nhw nath 'chi, cnafon – ofalan ni'u bod nhw'n talu amdano fo i chi..."

```
Mrs Ifans:    Sbïwch ar y ffens 'ma...

Picton:       Wali, tyd i lawr o fanna!

Mrs Ifans:    ...Mae o wedi'i ddifetha fo!

Wali:         Dim yr unig beth dwi wedi'i ddifetha!
```

30

Mae Picton yn rhoi eiliad o chwarae rhan Samariad Trugarog wrth drio helpu Wali oddi ar y ffens. Hynny ydi, tan i floeddio ar y cae tu ôl iddo fo dynnu ei sylw gan achosi i Wali ddisgyn oddi ar y ffens i sŵn rhwygo.

Mae Bryncoch wedi ildio a Picton – sydd heb fod yn edrych ar y chwarae ers o leia cwpl o funudau erbyn y pwynt yma – yn troi rownd ac yn rhoi'r bai yn syth ar Tecwyn.

Picton: *(wrth Wali)* Rho dy droed yn fama.
            (wrth droi rownd) Damia! Tecwyn! Lle
            oeddat ti? O be ddigwyddodd yn fanna
            rŵan?

PWY 'DI PWY?

Enw: Mr Craig

Safle / Swydd: Adeiladwr a chynghorydd

Cryfderau: Dyn busnes llwyddiannus; cyflogi pobl leol; car neis.

Gwendidau: Merched priod; rêl crwc.

Hoff ddyfyniad: *(Mewn ymateb i Picton yn cwestiynu telerau a chostau newydd defnyddio'r cae pêl-droed)* "O medrwch, Mr Picton. Achos mi fydda chi'n cael eich noddi bum punt ar hugain yr wythnos, heb sôn am... cit newydd a rhywdi [sic]!"

Enw: Gwen Wyn Ifans (Poison Ivy)

Safle / Swydd: Gwraig tŷ anffyddlon

Cryfderau: Yn berchen ar dŷ gwydr, sy'n awgrymu ei bod yn edrych ar ôl yr amgylchedd; denu dynion y pentref.

Gwendidau: Llac ei lastig tra bo'i gŵr ar y môr; tŷ gwydr bregus; ffens fregus; ffenest tŷ bach fregus; tuedd i ddwyn peli'r clwb.

Hoff ddyfyniad: *(Ar ôl i'r bêl falu paen y tŷ gwydr a hithau'n gweld Wali yn dringo'r ffens)* "Arhoswch lle 'da chi... arhoswch lle 'da chi!"

Enw: Timothy Owen Wallis

Safle / Swydd: Cigydd y pentref.

Cryfderau: Cigydd profiadol; noddwr cit pêl-droed Bryncoch.

Gwendidau: Sgiliau mathemateg; sgiliau gofal cwsmer; sgôr hylendid bwyd isel.

Hoff ddyfyniad: *(Ymateb i ymholiad Wali am ffresni'r cyw iâr)* "Ffresh? O'dd o'n dodwy'n yr ardd 'cw bora ddoe!"

GWELD SÊR

CYFRES 2, PENNOD 5

CRYNODEB

Mae Picton wedi bod yn yr archifdy ac wedi llwyddo i berswadio'r comiti fod Bryncoch yn dathlu canmlwyddiant. Dyma gyfle perffaith i godi pres ar gyfer clwb sydd yn y coch – neu biws, debycach – yn ariannol.

Yn fuan iawn mae pobl yn dod i sylweddoli nad ydi Clwb Pêl-droed Bryncoch yn dathlu'r cant wedi'r cwbl. Ond dydi Picton ddim am adael i'r gwir amharu ar ei grwsâd i godi pres – hyd yn oed os ydi hynny'n golygu difetha cynlluniau Pasiant y Pasg yn y capel tra'i fod o wrthi.

Mae Picton yn bwrw ati efo'i syniad i gael gêm fawreddog rhwng Bryncoch a chriw dethol o "enwogion" sydd (ddim) yn cynnwys Ian Botham, Ian Rush a Mici Plwm. Yn y cyfamser, yn dilyn cyngor doeth gan George o bawb, mae Wali yn dod i delerau efo'r ffaith nad ydi Mark Hughes – er yn berthynas agos iddo – yn mynd i gymryd rhan. Ond trwy ryw wyrth, mae seren Cymru a Manchester United yn ymddangos o nunlla ac o fewn eiliadau yn rhwydo i dîm y sêr.

Wrth i Picton gyfri ei fendithion (a'i bres), mae'r gweinidog yn dod i'w longyfarch. Mae o ei hun wedi bod yn yr archifdy erbyn hyn, ac wedi canfod drosto fo'i hun wir oedran y clwb. Mae'n gwrthod cynnig Picton am bres – hush money i bob pwrpas – ond mae Mr Jones yn fodlon troi llygad ddall cyn belled â'i fod o'n gwneud un ffafr ag o. Wele un o olygfeydd mwyaf bisâr hanes teledu Cymraeg o weld y bennod yn cloi gydag arwr pêl-droed Ewropeaidd, Mark Hughes, yn canu emyn Gymraeg mewn Pasiant yn y capel.

HOFF OLYGFA: MARK HUGHES YN SGORIO AR YR OVAL YN ERBYN BRYNCOCH

Wrth drafod rhoi'r llyfryn yma at ei gilydd, mi drïon ni osgoi gormod o'r golygfeydd 'amlwg'. Ond mae'n anodd peidio sôn am bennod 'Gweld Sêr' heb grybwyll cameo enwoca'r gyfres.

Ers i Picton grybwyll yn y comiti ar ddechrau'r bennod ei fod yn awyddus i gynnal gêm rhwng Bryncoch a'r "hen betha teledu 'ma", mae Wali wedi bod yn awyddus i estyn gwahoddiad i Mark Hughes, sy'n perthyn iddo fo o bell.

```
Wali:      Ma gen i gysylltiad teuluol efo Mark
           Hughes, 'chi. Oes, achos ma mab i
           chwaer-yng-nghyfraith 'y nghefndar yn
           nai i ewyrth cyfneithar Mark.
Picton:    Perthyn agos 'lly.
```

Enghraifft berffaith o ymatebion tafod rasal, sarcastig Arthur i ddiniweidrwydd Wali druan.

Ddiwrnod y gêm, ac mae'n rhaid i Wali wynebu'r realiti na fydd Hughes yn gwneud ymddangosiad wedi'r cwbl.

Wali: A Mark Hughes de, 'di o 'di cyrraedd
          eto?

Picton: Arglwydd mawr, neith rywun ddeud
          wrth hwn cyn i mi roi clustan iddo
          fo?!

George: Gad o i fi, Affy. Tyd yma, Wol… *(Wali
          yn cerdded at George)* Be ydi heddiw,
          Wol?

Wali: Ym… Pasg?

George: Aye. A be ddigwyddodd Pasg?

Wali: Nath y… Iesu Grist farw dros ein
          pechodau.

George: Aye, wel… wedyn de, o'dd pobl yn deud
          bod nhw 'di siarad efo fo a'i fod o
          am ddod i gweld nhw, do'ddan?

Wali: O'ddan.

George: Wel, 'run peth 'di o efo chdi a Mark
          Hughes, ti'n gweld? Ti'n deud bod ti
          'di siarad efo fo a'i fod o am ddod i
          dy weld ti, achos bod ti'sho coelio
          yno fo… ond y… dydy o'm yn dŵad go
          iawn.

          Ti yn gwbod be maen nhw'n galw peth
          fel'a dwyt, Wol?

Wali: Nac'dw…

Tecwyn: *(ar ôl eiliadau o ddistawrwydd)*
          Ffydd?

35

George: Aye… ffyth!

Wali: Felly 'di o'm yn dŵad?

George: Nac'di, Wol!

Picton: Haleliwia, o'r diwadd! *(yn troi at George gyda chymysgedd o ddryswch ac edmygedd)* Da iawn, George.

Vaughan Hughes: Myfyriwr diwinyddol ydi o, ia?

Picton: Pwy?

Vaughan Hughes: George…

Picton: Ia… *(yn troi at George)* yndi…

Yn y gêm, mae'r pyntars yn dechrau cwyno ac mae'n beryg iddi droi'n hyll. Maen nhw wedi sylwi mai (yng ngeiriau'r gŵr doeth o'r dorf sy'n gwneud sawl ymddangosiad drwy gydol *Midffîld*) "con 'di o i gyd".

O ystyried felly mai'r unig 'seleb' go iawn ar y cae ydi'r newyddiadurwr a'r cyflwynydd Vaughan Hughes, mae ymddangosiad Mark Hughes yn fwy syfrdanol fyth – ac, wrth gwrs, yn ychwanegu at yr effaith gomedi. Os nad ydyn nhw wedi llwyddo i gael y Mici Plwm iawn, pa obaith oedd cael Mark Hughes i chwarae?

Ond dyna sy'n digwydd.

"Siawns am gêm?" Oes tri gair mwy cofiadwy yn holl gyfresi *Midffîld*? Dyma mae Hughes yn eu hyngan wrth Wali pan mae'n ymddangos am y tro cynta. A'r unig eiriau iddo eu dweud drwy gydol y bennod.

Mewn syfrdan, mae Picton yn codi ar ei draed, yn ysgwyd

ei law ac yn ei gyfarch fel tasa hi'n hollol normal i Picton, o bawb, anfon Mark Hughes ymlaen ar gae pêl-droed.

Picton: *(yn ysgwyd llaw Hughes)* Maaark. *(yn ei gymell i fynd ar y cae)* Awê. *(yn gwneud arwydd efo'i ddwylo).* Reff! Syb! *(yn rhoi arwydd iddo ddod oddi ar y cae)* Mici Plwm!

Ia, Mark Hughes yn dod ymlaen yn lle Mici Plwm.

I'w roi yn ei gyd-destun, pan gafodd yr olygfa yma ei ffilmio yn 1989/90, roedd Mark Hughes yng nghanol ei ail gyfnod gyda Manchester United ac eisoes wedi treulio amser gyda Barcelona a Bayern Munich. Roedd yn dal yn ei ugeiniau ac yn un o sêr United a Chymru. Gareth Bale ei gyfnod.

Mae angen y cyd-destun hwnnw arnon ni i lwyr werthfawrogi mawredd y cameo yma – ond hefyd i werthfawrogi'r bwlch mewn safon rhwng Hughes a – ddudwn ni – Graham.

At Graham mae 'Sparky' yn anelu ar ôl derbyn y bêl, ac yn mynd heibio iddo fo fel tasa fo ddim yna. Ac waeth iddo fo heb â bod. Wedi'r cyfan, dyma full-back sy'n chwarae yn un o gynghreiriau isaf y pyramid pêl-droed yng ngogledd-orllewin Cymru, ac sydd ond yn y tîm – fel y down i wybod wedyn – am fod y clwb "yn cael mini-bỳs yn rhad ganddo fo".

Ac wrth i'r dorf ddechrau teimlo eu bod wedi cael gwerth eu pres (£2.50 oedd pris mynediad, os sylwch chi'n ofalus ar boster hyrwyddo'r digwyddiad), mae Picton tu mewn yn cyfri'r cash.

Siawns na fydda fo isio bod ar ochr y cae yn gwylio Mark Hughes? Er, tasa Picton yn ei neud o er mwyn llenwi ei bocedi ei hun, yna byddai rhywun yn meddwl ei fod o'n ddyn gwaeth hyd yn oed nac ydi o mewn gwirionedd. Ond mae o'n gwneud y cyfan oll ar gyfer y clwb; ac mae hynny, o leia, i'w edmygu.

PWY 'DI PWY?

Enw: Bob Taylor

Safle / Swydd: Plastrwr a dyfarnwr

Cryfderau: Gweld yn dda iawn.

Gwendidau: Cadw rheolaeth ar gêm bêl-droed.

Hoff ddyfyniad: *(Mewn ymateb i gwestiwn gan Picton – a ydy o'n gallu darllen yr arwydd ar y wal)* "Na, dim o fa'ma."

Enw: Breian Fawr

Safle / Swydd: Amddiffynnwr Llaneurwyn a Bryncoch

Cryfderau: Amddiffynnwr calad; helpu ei fam; ciciau cornel hir.

Gwendidau: Gordon Whitehead; treisgar; ffiaidd; yn dueddol o boeri ar wrthwynebwyr.

Hoff ddyfyniad: *(Mewn ymateb i gwestiwn Tecs am liw y Ford Escort)* "Un piws. 'Run lliw â dy wynab di os na symudi di o..."

Enw: Ned Thompson

Safle / Swydd: Rheolwr Llaneurwyn

Cryfderau: *Does gan Ned Thompson ddim cryfderau.

Gwendidau: Gamblo; merched; hen ddyn anghynnas; disgyblaeth y tîm.

Hoff ddyfyniad: *(Mewn sgwrs efo Picton am yr adroddiad papur newydd)* "Dylia ti fod yn falch. 'Na'r unig ffordd fedra dy dîm ceiniog a dima di ffeindio'u ffordd i'r papur. Ar wahân i'r sgôr criced gân ni'n d'erbyn di dydd Sadwrn, de..."

YR ITALIAN JOB

CYFRES 3, PENNOD 1

CRYNODEB

"Dwi'm yn licio'r un pan ma' nhw'n Italy." Dyma rywbeth sydd wedi'i ddeud wrthon ni'n tri droeon.

Mac'n debyg nad ydi rhai yn rhy hoff o bennod sydd heb ei lleoli ym Mryncoch. Ydi, mae pennod 'Il Lavoro in Italia' yn hollti barn ar adega ond ei rhagflaenydd, 'Yr Italian Job', ydi un o'n hoff benodau ni.

Y gyntaf o sbesial–ddwbl, mae'n dechrau efo Tecs yn mynd at Picton yn ei fan fara i roi llythyr o'r Eidal iddo. Ond (yn rhannol am nad ydi Picton isio'i ddangos o, ac yn rhannol am nad ydi o'n dallt Eidaleg) dydan ni ddim yn cael gwybod cynnwys y llythyr tan yr olygfa sy'n dilyn – clasur arall o'r stafell gomiti.

Mae'n ymddangos fod Bryncoch wedi cael gwahoddiad i fynd i'r Eidal i chwarae pêl-droed – yn digwydd bod mae 'na Gwpan y Byd yn digwydd yno hefyd. "Bryncoch yn Cwpan y Byd? 'Rargol."

Yr hyn sy'n dilyn ydi golygfa ar ôl golygfa o drefnu a ffraeo, wrth i'r clwb – a'r gymuned yn ehangach – ddod at ei gilydd i godi pres er mwyn i ddwsin o ddynion gael mynd dramor i yfad a chwara ffwtbol.

HOFF OLYGFA: COMITI LLE MAE'R NEWYDDION YN TORRI FOD BRYNCOCH WEDI CAEL EU GWAHODD I'R EIDAL

Golygfa arall efo'r tri yn y comiti – lle mae'r hud a lledrith yn tueddu i ddigwydd amlaf. Ar ôl yr olygfa agoriadol fythgofiadwy lle mae Tecs, yn rhinwedd ei swydd fel postmon, yn rhoi llythyr o'r Eidal i Picton, 'da ni'n cael gwybod o'r diwedd be oedd cynnwys y llythyr hwnnw.

Mae Picton, chwarae teg iddo fo, wedi cyfieithu'r llythyr o'r Saesneg i'r Gymraeg ar ôl mynd â fo at Mr Bailey Caffi Dre (a'i gyfieithodd yn wreiddiol o'r Eidaleg).

Wali: Duw, wyddwn i ddim bod Mr Bailey'n
          siarad Cymraeg?

Picton: Tydi o ddim, nac'di. Y fi sy 'di'i
          gyfieithu o Saesneg i Gymraeg *(yn
          troi at Tecs)*. Chwara teg i mi, 'te
          Tecwyn?

Tecwyn: Ia wir. Da iawn, Arthur.

Picton: *(yn darllen y llythyr yn uchel)*
          Annwyl Gadeirydd–

Wali: Point o wybodaeth, Mr Cadeirydd.

Picton: Oo, be rŵan 'to?

Wali: Pam mynd at Mr Bailey yn lle cynta?

Picton: Asi ffeta! Am na Chinese 'di o, te.
          Pam ti'n feddwl, y twmffat?

Wali: Ia ond 'da chi'n dallt Italian,
          dydach?

Picton: Pwy, fi?

Wali: O dyna ddudoch chi.

Picton: Pryd?

Wali: Tua deg mlynadd yn ôl oedd hi…

Picton: Paid â malu ca…

Wali: Do tad! Alwish i acw'n hwyr rhyw noson ac oeddach chi yna ar eich pen eich hun yn edrach ar ryw ffilm Italian efo pobl noethlymun groen yn cael hanci pancis, doctors a nyrsys…

Tecwyn: Duw, dynion ta merched oeddan nhw, Wali?

Picton: Be ti'n insinyretio?

Wali: Dwn i'm, doedd ganddyn nhw ddim dillad, nag oedd.

Tecwyn: Ooo… e?

Wali: A dyma chi'n deud nad oeddach chi'n edrach ar y llunia, dim ond gwrando ar y geiria, am bod chi'n dallt Italian i'r dim.

Tecwyn: Ooo, do wir Arthur?

Picton: Arglwydd mawr! Oes rhaid ti gofio bob dim dwi'n ddeud 'tha chdi?

Tecwyn: Tyd, darllan o.

Picton: Reit…

Wali: Deud clwydda oeddach chi felly, ia?

```
Picton:    Ia!

Wali:      A ma'n siŵr nad aethoch chi ar draws
           y Sahara ar gefn beic chwaith?

Picton:    Naddo, a dim Arthur Picton 'di'n enw
           iawn i chwaith, iawn?
```

I dorri stori hir (ond doniol) yn fyr, mae'n dod i'r amlwg fod y dyn anfonodd y llythyr, Walter Coccia, wedi treulio amser yng Nghymru yn ystod y rhyfel fel prisoner of war.

Mae Picton yn mynd ymlaen i drio rhoi rhywfaint o gefndir Mr Coccia.

Ond dyma un o'r adegau yna yn *Midffîld* lle all Tecs ddim helpu ei hun, ac mae o'n mynnu cywiro Picton. Ond yn gynta – er ei ddifyrrwch ei hun, siŵr o fod – mae o'n gofyn iddo ailadrodd y camgymeriad.

```
Picton:    'Annwyl Gadeirydd,
           Yn ystod yr Ail Ryfal Byd gwariais
           ddwy flynadd yn ardal Bryncoch mewn
           gwersyll consyntreiddio-'

Tecs:      Lle?

Picton:    Gwersyll consyntreiddio,
           concentration camp.

Tecs:      Dim dyna oeddan nhw'n eu galw nhw,
           naci.
```

Mae'r deinamig yma rhwng Picton a Tecs yn codi ambell waith.

Ar adegau, mae gan Tecs ormod o gywilydd i gywiro Picton, rhag codi embaras.

Mae Picton hefyd yn aml yn trio plesio Tecs, fel sy'n cael ei brofi pan mae o'n 'sgota am ganmoliaeth uchod, gan ddweud: "Y fi sy 'di'i gyfieithu o Saesneg i Gymraeg. Chwara teg i mi, 'te Tecwyn?"

Ond mae 'na adegau – fel yn yr olygfa yma – lle mae Tecs yn teimlo bod rhaid iddo fo ymyrryd a chywiro Picton – codi embaras neu beidio.

Mae'r olygfa yn gosod y tôn am weddill y dybl-sbesial – cynnwrf a nerfusrwydd am yr hyn sydd i ddod. Bryncoch yng Nghwpan y Byd.

Wali:	'Rargol... Bryncoch yn Cwpan y Byd?!
Tecwyn:	Ia... ew, fydd 'na waith paratoi, bydd? Heb sôn am y gost, de?
Picton:	Bydd, Tecwyn. A fydd rhaid i'r hogia drefnu gwylia.
Tecwyn:	Wel bydd. O le ma rhywun yn hedfan i le felly, 'da? Llundain? Manceinion?
Picton:	Manchester, ia?
Tecwyn:	A fydd rhaid ni... O gwranda arna ni'n dau. 'Da ni hannar ffordd yno'n barod a wyddon ni'm eto os ydy'r hogia isio mynd! Be ti'n ddeud, Wali? Wali?!
Picton:	Waeth chdi heb Tecwyn, mae o yno'n barod...

PWY 'DI PWY?

Enw: Tecwyn 'Tecs' Parri

Safle / Swydd: Postman a gôl-geidwad Clwb Pêl-droed Bryncoch

Cryfderau: Seicolojics; tad da; gweu; aelod cyfrifol o'r pentref; gwybodaeth eang am enillwyr y Gadair a'r Goron yn yr Eisteddfod Genedlaethol; medru'r Eidaleg.

Gwendidau: Gŵr gwael; ei bengliniau; Jean; cymorth cyntaf; sponsored run; own goals; ddim yn meddu ar y sgiliau sy'n allweddol i fod yn golwr; ateb cwestiynau pêl-droed.

Hoff ddyfyniad: *(Wrth gael ei gario'n feddw o'r Bull gan George a Julian)* "Na dwi'n iawn, Jean – 'mond dau hannar dwi 'di'i gal!"

Enw: Jean Parri

Safle / Swydd: Cydlynydd y panto

Cryfderau: Chwarae'r delyn; llwyrymwrthodwr; cymeriad penderfynol; gofalgar am bobl eraill [dim Tecwyn].

Gwendidau: Siopa bob prynhawn Sadwrn; sgiliau cyfathrebu; blin; llysieuwraig.

Hoff ddyfyniad: *(yn y Bull)* "Tecwyn, os nag wyt ti'n dod adra munud 'ma, dwi'n dy adael di, iawn?"

Enw: Myfyr Parri

Safle / Swydd: Gôl-geidwad Clwb Pêl-droed Bryncoch

Cryfderau: Dwylo da; chwarae cardiau; sgiliau adrodd.

Gwendidau: Traed ei fam; emosiynol os yw aelod o'r teulu yn mynd i ffwrdd am y penwythnos; gwrthod perfformio darn adrodd os nad ydi ei dad yn bresennol.

Hoff ddyfyniad: *(yn adrodd 'Cwm Pennant' gan Eifion Wyn)* "Pam, Arglwydd, y gwnaethost Gwm Pennant mor dlws? A bywyd hen fugail mor fyr?"

TIBETANS V MOWTHWELIANS

CYFRES 3, PENNOD 4

CRYNODEB

Mae Tecs yn trio dod â'r de a'r gogledd yn agosach at ei gilydd wrth i Glwb Pêl-droed Cwm Glas o'r de ymweld â Bryncoch am gêm gyfeillgar. Ond dydi Picton – sy'n flin am fod *Pobol y Cwm* wedi'i ddifetha, ymysg petha erill – ddim yn groesawgar iawn.

Mae'r rhwystr ieithyddol hefyd yn profi'n broblemus ac mae setlo'r busnes lletya (ife?) hefyd yn haws dweud na gwneud.

Mae'r gêm gyfeillgar yn unrhyw beth ond hynny ac yn y pen draw, mae'n cymryd llond bws o Brummies i ddod â phawb at ei gilydd wrth i'r de a'r gogledd ymuno mewn ffeit annisgwyl yn erbyn hwligans yng nghefn y Bull. "Dydi'r sgwâr ddim digon mawr i hogia ni," mae pawb yn ei ganu wedyn.

Yn eironig ddigon, Tecs ei hun ydi'r unig un sy'n falch o weld criw Cwm Glas yn gadael am ei fod yn amau Ceri, sy'n ddyn, o fod wedi cymryd mantais o Jean.

HOFF OLYGFA: IEUAN, JULIAN A DERYTH YN CYRRAEDD TŶ PICTON

Un o'r damcaniaethau mwya cyfarwydd a syrffedus am *C'mon Midffîld* ydi mai rhaglen i'r Gogs ydi hi. Mae'r comedïwr

Elis James wedi cyfeirio at cameo Mark Hughes yn *Midffîld* fel "moon landing y Gogs". Dydi o ddim yn bell ohoni, wrth gwrs.

Yr olygfa sy'n adlewyrchu orau yr anghydfod a'r rhwystrau tafodieithol rhwng y de a'r gogledd ydi'r olygfa sy'n dechrau efo Picton a Ieuan yn anghytuno.

```
Picton:   Gwrandwch ddyn, ma'r peth yn amhosib
          - chwara ffwtbol ar gae rygbi...
          peidiwch â malu ca...
Sandra:   Reit.
```

Sandra, y llais rhesymegol, yn torri ar ei thad cyn iddo regi ac yn trio cael trefn ar bawb – rhywbeth sy'n nodweddiadol trwy'r holl gyfresi, wrth gwrs.

Sandra hefyd ydi'r unig un, ar y pwynt yma, sydd wedi llwyddo i greu perthynas yn reddfol. Mae Deryth a hitha'n troi allan i fod yn dipyn o ffrindia (er bod dim sôn o Deryth druan yn unrhyw un o'r penodau ar ôl hon).

```
George:   Dim peryg, dim shottin' peryg bo fi'n
          cysgu efo boi o'r enw Julian.
```

Mae'n teimlo fel rheswm digon tila i beidio rhannu gwely efo rhywun.

"Fi sy'n gwely efo chdi, Sand!" medda George wedyn, sy'n procio Picton i ddeud: "Paid â siarad yn fudur, nei di? Cofia bod 'na bobl ddiarth yma."

Rhyw gydnabyddiaeth am y tro cynta bod gan Picton ei safonau yng nghwmni ymwelwyr, er ei fod o wedi bod yn ddim byd ond digywilydd ers i bobl Cwm Glas gyrraedd.

Ond ydi hyn hefyd yn enghraifft arall o geidwadaeth Picton? 'Da ni'n gwbod pa mor amharod ydi o i George a Sandra rannu gwely, er eu bod nhw'n briod, ond ydi deud "fi sy'n gwely efo chdi" wir mor "fudur" â hynny, Picton?

I foi sydd mor siarp ei dafod, mor barod i ladd ar bobl ac sydd ddim yn swil o reg, mae o'n gallu bod yn rhyfeddol o hen ffasiwn.

Picton: Lle ma hwn yn cysgu, ta?

Sandra: Ieuan 'di'i enw o. Efo chi.

Picton: Be? Dydw i ddim yn cysgu efo dyn
            diarth, siŵr Dduw, nac ydw... 'nenwedig
            un o'r sowth. Be 'sa dy fam yn ddeud?
            (yn rhyw hanner troi at Ieuan) Dim
            byd personol...

Efo'r sefyllfa gysgu bron wedi'i threfnu, mae'r olygfa yn cloi efo mwy o ddryswch tafodieithol.

Picton: *(gan godi ar ei draed)* Ia wel, dwi
            am y ciando. Oes 'na rywun arall?

Julian: *(yn estyn ei wydr gwag allan, ac heb
            eironi)* Y fi, os mai gwin coch yw e.

Picton: Arglwydd mawr. Gwely, te 'ngwash i!

Julian: E?

Ieuan: *(yn codi ar ei draed)* Dere, Julian.
          Gêm fawr o'n blaenau ni fory. A dwi
          moyn maeddu'r Tibetans 'ma!

Picton: *(yn troi at Sandra)* Be ddudodd o?

Sandra: Dim byd, ewch.

PWY 'DI PWY?

Enw: Ceri Richards

Safle / Swydd: Capten a chwaraewr canol cae Cwm Glas

Cryfderau: Cerdd dant; llwyrymwrthodwr.

Gwendidau: Tafarndai; cefn tost; matras meddal; drysu rhwng chwith a dde; smocio cetyn.

Hoff ddyfyniad: *(ar ôl awgrymu y dylai o a Tecs ganu cerdd dant efo Jean yn chwarae'r delyn)* "Cewn ni sbort. Joio mas draw!"

Enw: Jo Phillips

Safle / Swydd: Rhedeg y lein i Glwb Pêl-droed Cwm Glas

Cryfderau: Arbenigo mewn martial arts; dyfarnu; cymeriad dewr; hael yn y bar.

Gwendidau: Gwrthod dweud wrth Wali ei bod yn ddyfarnwr; rhegi ar fŷs o Brummies.

Hoff ddyfyniad: "Ffeit, mas y bac!"

Enw: Ieuan Morgan

Safle / Swydd: Rheolwr CPD Cwm Glas

Cryfderau: Ffyddlon i Glwb Pêl-droed Cwm Glas; rheolwr angerddol; areithiau ysbrydoledig.

Gwendidau: O blaid chwarae ffwtbol ar gae rygbi; rhegi ar ddyfarnwyr; clecian wisgis tra'n ysgrifennu adroddiad am berfformiad y dyfarnwr.

Hoff ddyfyniad: *(Mewn sgwrs efo'i dîm cyn y gêm)* "Reit bois, gwrandwch. Fi moyn ennill hon yn fwy nag un gêm arall y tymor hyn. So, cicwch y diawled off y ca'!"

MEIBION BRYNCOCH

CYFRES 3, PENNOD 6

CRYNODEB

Mae hi'n ben-blwydd ar Picton ac mae Sandra yn ei wisgo mewn cardigan wlân dynn fel anrheg – i ddiléit pawb arall ond fo'i hun.

Yn y cyfamser, mae 'na ddefaid yn cael eu dwyn yn yr ardal, ac wrth yrru adra ar ôl colled arall, mae Tecs yn taro dafad.

Ar ôl i Picton awgrymu yn gynta y dylian nhw ei "llechio i din clawdd", mae'r criw yn bodloni ar y syniad o'i rhoi yn y bŵt.

Er iddyn nhw gael eu stopio gan blismon – ac er i'r plismon yna archwilio'r car – mae'n ymddangos fod y criw wedi cael get-awê, ac mae'r ddafad yn cael aros dros nos efo Wali tra bo'i fam o i ffwrdd.

Be sy'n dilyn ydi pennod anarferol ac arbrofol ei dull, sy'n ymdebygu i raglenni *Y Brodyr Bach* neu *Punk'd* wrth i'r diweddar Gari Williams a'i blismyn ffug dwyllo'r criw i feddwl eu bod yn cael eu carcharu am ddwyn defaid.

HOFF OLYGFA: YR HEDDLU YN HOLI AC YN ARCHWILIO TŶ PICTON

Yng nghyd-destun y bennod yma, mae'n bosib iawn mai hoff olygfa'r mwyafrif fyddai'r un efo Wali a Picton yn chwarae 'I spy' yng nghelloedd yr heddlu. Does dim gwadu fod honno'n glasur, wrth gwrs.

Ond drannoeth taro Jên y ddafad, mae'r heddlu yn ymweld â Picton, Tecs a Wali yn eu cartrefi. Yma, yn ein barn ni, mae ffraethineb y cymeriadau – Picton yn benodol – ar ei orau.

Llugoer ydi'r croeso i'r heddlu yn nhŷ Picton, lle mae George a Sandra hefyd yn bresennol.

Ditectif Crooks: Mae gen i warant yn fa'ma i
                   archwilio'r tŷ. Ddowch chi
                   drwadd, os gwelwch yn dda?

Sandra: A'i godi George...

Picton: 'Archwilio' ddudoch chi? Mae hi fwy
          fel practis côr yma ar f'enaid i.

Ditectif Crooks: Ditectif Sarjant Speed, sgwad
                   cyffuriau.

Picton: Ylwch, gwrandwch... os ddewch hi o hyd
          i farijiwana neu gocên yn fa'ma, ddim
          fi sy pia nhw.

Ditectif Crooks: Dim i neud â chyffuriau, Mr
                   Picton. Digwydd bod ar gael
                   oeddan nhw bora 'ma.

Picton: A digwydd bod yn fy ngwely oeddwn
          inna 'fyd! Be 'di hyn?

Ditectif Crooks: 'Da ni'n ymchwilio i achosion
                   o ddwyn defaid, Mr Picton.

Picton: Be?

Detectif Crooks: Rŵan, y cynta'n byd gawn ni
                    gychwyn arni, y cynta'n byd
                    awn ni o 'ma a gadael llonydd
                    i chi. Hynny ydi, os na
                    ddown ni o hyd i rwbath, de?
                    Reit, off â chi 'gia!

Picton: Yma byddwch chi am ddiwrnodau felly,
            te? Achos mae'n amlwg tydi, mae'r tŷ
            'ma'n llawn o ddefaid. Ylwch, ylwch,
            ylwch (yn gafael mewn ornament o
            ddafad ac oen), 'ma chi ddafad ac oen
            yn fa'ma 'lwch!

Detectif Crooks: 'Sna'm isio bod fel'a, nag
                    oes?

Picton: A sut ma isio mi fod, ta?

Detectif Crooks: Dim ond gneud fy ngwaith, Mr
                    Picton.

Picton: A be 'di hwnnw, bugail?

Byddai rhai pobl yn dangos rhywfaint mwy o gwrteisi tuag at yr heddlu (ffug neu beidio) – hyd yn oed os ydi eu hymweliad nhw yn cael ei ystyried yn un anghyfiawn.

Ond does dim ots gan Picton ei gwneud hi'n glir nad oes croeso iddyn nhw.

Er enghraifft, pan mae Sandra yn deud ei bod wedi gwneud panad i'r heddlu, ymateb Picton ydi: "Ti'm yn mynd i wastraffu coffi drud ar y 'ffernols yma?!"

Yn ei ffordd hunanfeddiannol ei hun, ymateb Sandra ydi: "Dydw i ddim. Te 'di o." Ond mae Picton wedi gwneud ei bwynt.

A chyn iddo fo gael yfad ei banad ei hun yn iawn, mae o'n cael ei alw drwodd gan y ditectif.

```
Ditectif Crooks:  Mr Picton…

Picton:  Be?

Ditectif Crooks:  Dewch drwodd, os gwelwch yn
                  dda.

Picton:  Iesu… be ma hwn isio eto? 'Di
         ffeindio maharan yn y faciwm, ma
         siŵr.
```

Dyma un o'r golygfeydd lle mae coegni Picton ar ei orau. Mae'r ddeialog rhyngddo fo a Ditectif Crooks – rhan sydd wedi'i chwarae'n berffaith gan y diweddar Meic Povey – yn werth ei gweld a'i chlywed.

Allwn ni ddim, er enghraifft, gwneud cyfiawnhad â'r ffordd mae Picton yn deud y gair "farijiwana", neu'r ffordd mae Crooks yn taflu'r gardigan at Picton ac yn deud, "Trïwch hi."

```
Picton:  'Da chi 'di cael panad?

Ditectif Crooks:  Do, diolch.

Picton:  Sgiwsiwch fi… (tollti y banad lawr y
         sinc). Ia?

Ditectif Crooks:  (yn dal coes o gig oen yn ei
                  law) Allwch chi ddeud wrtha
                  i be ydi hwn?
```

Picton: Haearn smwddio, be 'da chi'n feddwl
            ydi o? Lwmp o gig, te!

Ditectif Crooks: Sut fath o gig?

Picton: Wel cig… oen.

Am eiliad, roedd Picton wedi'i ffrwyno wrth iddi ddod yn
gynyddol amlwg ei fod o mewn twll yn fan hyn.

Ond buan mae o'n brathu'n ôl.

Ditectif Crooks: 'Sgynnoch chi unrhyw syniad
                   o le doth o?

Picton: Oddi ar ddafad efo tair coes, sut
            gwn i?

Ditectif Crooks: (yn cydio yn y gardigan
                   gafodd Sandra i Picton fel
                   anrheg pen-blwydd) Be am
                   hon? Chi sy pia'i? Ia?

Picton: Ia!

Ditectif Crooks: Trïwch hi. (Picton yn
                   gwisgo'r gardigan) 'Da chi'n
                   siŵr? Braidd yn fach, 'di
                   ddim?

Picton: Asi ffeta! Presant pen-blwydd oedd
            hi, te.

Ditectif Crooks: 'Da ni'n cadw rhein am rŵan
                   fel tystiolaeth.

Picton: O be?

Ditectif Crooks: O ddwyn defaid, Mr Picton.

Picton: Paid â malu…

Ditectif Crooks: Un peth arall. Be am hwn?
Jeli mint cartra ydi o, te?

Picton: Ia! 'Da chi 'rioed yn mynd i gadw
hwnna 'lha tystiolaeth?

Ditectif Crooks: Na, na, isio gwybod sud 'da
chi'n ei neud o ydw i.

PWY 'DI PWY?

Enw: Reg Clarke

Safle / Swydd: Peintiwr a rheolwr Clwb Pêl-droed Brynaber

Cryfderau: Chwara ffwtbol neis; mind games.

Gwendidau: Twyllo, ateb cwestiynau pêl-droed.

Hoff ddyfyniad:

Reg Clarke: Llongyfarchiadau i ti.

Picton: Am be?

Reg Clarke: 'Rioed meddwl fysa hi'n bosib i chdi gael tîm salach nag oedd gen ti llynedd, ond ti 'di manijo rywsut.

Enw: Jen Tŷ Cocyn

Safle / Swydd: Perchennog J. K. Homes

Cryfderau: Priodi dynion cyfoethog a'u blingo nhw; wedi llwyddo i berswadio Edgar Tŷ Du i fenthyg ei gae i CPD Bryncoch; cwmni da a hael mewn tafarn; hel atgofion.

Gwendidau: Ansefydlog; llac ei thafod; llac ei lastig; tueddiad i annog Wali i gymryd rhan mewn ychydig o 'fondej'.

Hoff ddyfyniad: *(Wrth weld Wali yn y Bull am y tro cyntaf ers 10 mlynedd ar hugain)* "Dal yn fyrjin, washi?"

Enw: Harold Monk

Safle / Swydd: Hyfforddwr gyrru

Cryfderau: Ei gariad at Glwb Pêl-droed Yr Athletic; yr Highway Code.

Gwendidau: Menywod ifanc.

Hoff ddyfyniad: *(Ar ôl cael ei ddal efo menyw ifanc yng nghefn ei gar)* "S'mai Arthur? Mynd dros yr Highway Code o'n i efo hi!

EIRA MÂN, EIRA MAWR

CYFRES 4, PENNOD 3

CRYNODEB

Mae'n oer. Mae'r criw ar y ffordd i'r Bwlch Mawr mewn mini-bỳs ar gyfer gêm yn y Junior Cup ac mae'r elfennau yn eu herbyn.

Mae George yn ddlstaw-feddw yn y cefn a Tecs, sy'n gyrru, yn mynnu stopio i fod yn Samariad Trugarog. Fel mae'n digwydd, y dyn sydd wedi torri i lawr ar lôn anghysbell ydi dyfarnwr y gêm – ac mae'n digwydd bod yn weinidog hefyd.

Mae Picton – nid am y tro cynta – yn trio rhoi'r argraff ei fod yntau hefyd yn grefyddol, ond er gwaetha seboni Picton i drio cael y Bod Mawr (a'r dyfarnwr) ar ei ochr – mae meddwdod George yn dad-wneud y cyfan.

Eto, nid am y tro cynta, ac ar ôl dadlau ei achos am "perfectly-legitimate goal", mae George yn penio'r Parchedig Huws druan, gan achosi i'r gêm ddod i ben.

Mae pawb yn mynd i foddi gofidiau ar ôl y gêm, ond mae'n mynd yn hwyr ac mae'r criw yn mynd yn sownd yn yr eira mawr ar eu ffordd adra.

Eu tro nhw ydi hi i gael eu hachub rŵan, a thrwy ryw wyrth, ac ar ôl lot o ddeud straeon, maen nhw'n gweld golau yn y pellter.

Y ddynes sy'n ateb y drws ydi'r ddynes fuodd yn tynnu lluniau o'r gêm yn gynharach yn y pnawn. Mae Picton yn gweld ei gyfle i ganfod y camera a dileu unrhyw dystiolaeth o gamwedd yn gynharach yn y pnawn. Pwy ddaw mewn yn ei drôns ond Mr Huws – ac mae Picton yn gwneud yn siŵr ei fod o'n cael hynny ar gamera.

HOFF OLYGFA: HEL STRAEON YN Y MINI-BỲS

Dyma un o olygfeydd mwyaf adnabyddus *Midffîld*. Mae'n helpu bod y cyfan yn digwydd o fewn y mini-bỳs, mewn lle mor gyfyng, a bod pobl yn sownd efo nunlla i fynd. Rhyfadd o beth fod clawstroffobia Picton heb gicio mewn a deud y gwir.

Mae pen-glin Tecs yn mynd ddwywaith yn y bennod yma. Y tro cynta, pan mae o'n ildio gôl yn y gêm…

```
Tecs:      Sori, Arthur – 'mhen-glin i 'di mynd
           eto.

Picton:    Be am dy dd'ylo di – ydi heini 'di
           mynd hefyd, yndi?!
```

Yr eilwaith, mae o'n disgyn fel sach o datws wrth y bws tra'n trio perswadio Sandra ei fod yn ddigon sobor i ddreifio. Doedd o ddim.

```
Sandra:    Be ddudodd Jean?

Tecs:      (mwmblian siarad)

Sandra:    Be? Ddalltish i'm gair ddudis di.

Tecs:      …deud bod hi ddim yn fy nallt i.

Sandra:    O.
```

Mae'r bws yn torri lawr am fod Tecs wedi anghofio rhoi petrol yn y tanc.

Yn yr amser fuodd y tîm yn yfed yn y clwb ar ôl y gêm, mae 'na eira mawr wedi disgyn ac mae'r criw mewn peryg o fferru yn y bws.

I gadw'n gynnes, maen nhw'n gwisgo cit (budur) y tîm, ac i gadw'r ysbryd yn uchel, mae'r criw yn dechrau deud straeon.

Picton: Deud straeon fydda pobl ers stalwm, 'chi. Ew, dwi'n cofio gwrando am oria arnyn nhw. Da oeddan nhw 'fyd.

Wali: Ma gen i stori.

Picton: 'Na fo, ma gan Wali stori. Deud hi ta 'ngwash i.

Buan y daw Picton i ddifaru'r anogaeth, wrth i Wali ddechrau adrodd stori ei ewythr.

Wali: Wel y… mi oedd yn Yncl Rufus i de, yn adeiladwr. Enw da ar adeiladwr, de? Rufus! *(pawb yn chwerthin)* Ia wel, ta waeth. Mi oedd Yncl Rufus isio codi wal efo 499 o frics – dim mwy a dim llai. Felly dyma fo i lle brics a deud wrth y dyn, "Dwi isio 499 o frics, plis, i godi wal". Ond dyma'r dyn yn deud wrtho fo eu bod nhw'n dŵad mewn batshys o 500.

60

Picton: *(yn reit awyddus)* Ia…

Ar y pwynt yma mae Picton hyd yn oed yn obeithiol am ddiweddglo da i'r stori.

Wali: Ond dyma Yncl Rufus yn deud 'tha fo
            na dim ond 499 o frics oedd o isio.
            A mi aethon nhw i ffraeo 'da chi'n
            gweld, de? Beth bynnag, yn y diwadd,
            dyma Yncl Rufus yn cymryd 500 o
            frics. Ond *(yn dechrau chwerthin)*
            oedd o 'di gwylltio gymaint de, ar y
            ffordd adra de, wyddoch chi be nath
            y diawl gwirion?

Picton: Na wn i, be?

Wali: Mi stopiodd wrth y bont reilwe 'ma
            de…

Picton: *(dan wenu)* Ia…

Wali: A mi daflodd y fricsan dros y bont!

Picton: Ia…

Wali: Ia…

Picton: Be ddigwyddodd wedyn, ta?

Wali: *(yn dal i chwerthin)* O dim byd, a'th
            o adra am wn i.

Picton: Be? Dyna dy stori di, ia? Arglwydd
            mawr!

Wali: *(oedi, wrth i bawb arall yn y bws*

chwerthin) Ond mae… mae'n ddigrifach os yda chi'n nabod Yncl Rufus, de.

Tecwyn: Yndi, dwi'n siŵr!

Dydi Picton ddim yn hapus efo diwadd y stori, ond mae yna waeth i ddod.

George: Oreit, oreit – genna i stori, iawn? Ma hon yn un glân ŵan, reit? Iawn? Am y dau boi 'ma de, ar y trên, reit? A un efo ci bach, a llall yn smocio cetyn, reit. A ma bloke 'ma efo ci bach ŵan de, ma'n troi ŵan at y boi 'ma'n smocio cetyn a deud wrtha fo: Oi, gei di'm smocio hwnna fan'na. A ma hwnnw'n deud: Get lost, ga i smocio fo lle dwi isio, medda fo fel'a, reit? A ma bloke 'ma'n deud wrtha fo: Gwranda, os ti'n smocio hwnna de, dwi mynd i roi ffling i cetyn chdi drwy ffenast, medda fo fel'a, reit? A ma hwnnw'n deud: Os nei di rhoi ffling i cetyn fi, boi, dwi'n mynd i rhoi ffling i fflipin ci bach chdi drw ffenast, medda fo fel'a, reit? Iawn? So eniwe, 'ma nhw mewn i twnnal ŵan de, a be nath y bloke 'ma de oedd rhoi ffling i cetyn y boi drwy ffenast a ma hwnnw wedyn yn rhoi ffling i ci bach hwnnw drwy ffenast, reit? Wedyn a'thon nhw allan

62

o twnnal, iawn, a cyrraedd y steshon
de, a be welon nhw yn cerddad ar
hyd y platfform ond y ci bach 'ma. A
gesha be oedd yn ceg fo, Affy?

Picton: Cetyn?

Wali: Naci, Mr Picton, y fricsan!
          (chwerthin)

Picton: Pa blydi bricsan?

Wali: Honno daflodd Yncl Rufus, de?

Picton: Arglwydd… stori arall oedd honno, te?

Wali: Ia, dwi gwbod. Da 'di, de?

George: *(yn llongyfarch eu hunain)* Ma'n
          gweithio bob tro dydi, Wol?!

Tecs: O reit dda wan 'ogia! *(pawb – ac
          eithrio Picton – yn eu dagrau'n
          chwerthin)*

Picton: Ma gen i gur mawr yn fy mhen rŵan.

Nid y stori ei hun o reidrwydd ydi tarddiad yr hiwmor yma i
ni, ond ymateb pobl i'r stori. Mae pawb, oni bai am Picton, yn
ei gweld hi'n ddoniol iawn. Prin welwn ni Tecs yn chwerthin
gymaint drwy'r holl gyfresi.

Tro Tecs rŵan ydi adrodd ei stori yntau. Stori fwy difrifol, yn wir
natur ei gymeriad.

Tecs: Duw, sôn am betha felly de, glywsoch
          chi'r stori 'ma, do? A mae hi'n wir

yn ôl bob tebyg. Am y cwpl 'ma yn torri lawr reit ar dop y Denbigh Moor 'ŵan.

Picton: *(yn ddiamynedd)* O, dim hon eto?

Sandra: Wel dwi'm 'di clywad hi!

George: Aye, na fi!

Picton: Wel oedd 'na foi gwallgo o gwmpas. A
            dyma'r gŵr yn mynd allan o'r car. Ac
            o dipyn i beth, mi glywodd y wraig
            ynocio ar do'r car. A dyma blisman i
            mewn. A dyma'r plisman yn deud wrthi
            ddod allan ac i beidio sbio 'nôl. A
            mi nath, do. A be welodd hi oedd y
            gwallgofddyn 'ma'n cnocio pen ei gŵr
            ar dop y car.

Tecs: Diolch, Arthur.

All Picton ddim helpu ei hun yn fan hyn. Roedd Tecs wedi rhyw gyffroi o gael y cyfla i ddeud ei stori. Ond mae'n rhaid i Picton dorri ar ei draws, ac yn lle gadael iddo fo ei gorffan, mae o'n ei deud hi ei hun – a hynny yn frysiog.

Sandra: Ych… ydi honna'n wir, Tecs?

Picton: Nac'di siŵr. Dwi 'di'i chlywad hi am
            Dartmoor, Denbigh Moor, Bobby Moore
            hyd yn oed!

George: Lasa hi fod hefyd sdi, Affy? *(sŵn
            tu allan)* Be oedd y sŵn 'na? Ma 'na
            rywun yn cnocio ar y to…

Picton: Paid a malu… lle ma Wali? *(yn dychryn o weld Wali wyneb i waered tu allan)* Arglwydd!

Wali: Mr Picton?

Picton: Be ti'n neud, y lembo?!

Wali: Gola. Gola draw fan'cw.

Tecs: Duw, mae o'n iawn 'fyd. 'Di o'm i weld rhy bell chwaith. Be nawn ni? Mentro'i?

Picton: Naci!

Sandra: Ia!

George: Aye!

Picton: Iawn ta, dowch, reit handi. A dim mwy o'r blydi straeon 'ma!

PWY 'DI PWY?

Enw: Harri

Safle / Swydd: Full-back Bryncoch a gyrrwr loris

Cryfderau: Gyrru loris; rhychu; ffyddlondeb.

Gwendidau: Sgiliau consyntreiddio; own goals; neidio mewn i dacls (pen rwd); teiars blaen moel; smocio hanner amser.

Hoff ddyfyniad:

Picton: O Harri, be ti'n neud? Consyntreiddia!

Harri: *(tra'n chwarae ac yn chwerthin o weld Picton yn ei gardigan, het a'i sgarff o'r ffair sbarion (sic) ar ochr y cae)* O sud fedra i, Arthur?

Enw: Graham

Safle / Swydd: Full-back Bryncoch

Cryfderau: Gallu cael mini-bỳs yn rhad i'r clwb; ffyddlondeb.

Gwendidau: Hen (ar ei bensiwn ers blynyddoedd); peth sala sy ar y cae; diffyg cyflymder; ysgwydd fregus; hel merched mewn ralis ffermwyr ifanc.

Hoff ddyfyniad:

Picton: Dwyt ti'm yn ffarmwr, Harri. Ac yn sicr dwyt ti'm yn ifanc, Graham!

Graham: Reit dda wan Arthur, welwn ni chi yno!

Enw: Ioan Glyn Huws

Safle / Swydd: Pregethwr cynorthwyol a dyfarnwr pêl-droed

Cryfderau: Dyn cwrtais a pharchus; casáu unrhyw fath o iaith anweddus; maddau i chwaraewyr sy'n cyfaddef eu bod ychydig bach yn hwyr yn taclo.

Gwendidau: Cymysgu rheolau rygbi â phêl-droed; rhoi petrol yn y car; anffyddlondeb i'w wraig; cysgu yn ei drôns, gohirio gemau pêl-droed.

Hoff ddyfyniad: *(Mewn ymateb i rif 10 Bwlch Mawr oedd yn anghytuno ei fod yn camsefyll)* "Hy-byb! Dadla efo'r dyfarnwr. Deg llath yn ychwanegol!"

HEB OS NAC ONI BAI (Y MWFI)

PENNOD ARBENNIG AR ÔL CYFRES 4 A CHYN CYFRES 5

CRYNODEB

Mae Osborne Picton, brawd Arthur o Ganada, yn glanio ym Mryncoch er mawr syndod i bawb.

Buan ddaw hi i'r amlwg nad ydi pawb yn falch o'i gael yn ôl, ac fe gawn ddallt ei fod wedi gadael dan gwmwl ar ôl beichiogi merch leol.

Ond mae'n profi i fod yn Picton llawer mwy carismataidd na'i frawd bach, ac yn boblogaidd iawn ymysg y chwaraewyr.

Mae ganddo gamera fideo hefyd, ac mae Osborne yn dangos recordiad o gêm Bryncoch yn y Bull. Yn anffodus i'r Picton iau, mae'r sain yn dda ac yn recordio'r rheolwr yn lladd ar ei chwaraewyr, sydd yn gwrando ar y cyfan yn y dafarn.

Osborne sydd yn camu i'r adwy ac yn cymryd rheolaeth o'r tîm, gan adael Picton – sy'n dathlu 21 mlynedd o wasanaeth, ffyddlon hefyd, i'r clwb – yn llythrennol yn cuddio yn y gwrych.

Mae'n dod i'r amlwg fod Osborne hyd yn oed yn fwy cynllwyngar na'i frawd bach ac mae'n llwyddo i berswadio George a Sandra i symud i fyw i Ganada hyd yn oed.

Ond mae pawb yn maddau i Picton erbyn y diwedd, gyda wynebau cyfarwydd iawn yn dymuno 21 mlynedd hapus iddo dros gamera fideo yn y Bull.

HOFF OLYGFA: 'PARDDUO'R PENTRA, RHEIBIO'R HOGIA', SYLWEBAETH GAN ARTHUR PICTON

Mae Osborne wedi cael camera fideo ac yn bwriadu dangos y gêm i'r hogia yn y Bull wedyn. Syniad da, ac un mae Picton yn ei gefnogi, tan iddo sylwi fod meicroffon y camera yn codi sain yn well na'r disgwyl.

```
Picton:    Ia, diflas oedd y darn yma os dwi'n
           cofio'n iawn. Ffast-fforward Osborne
           nei di, yr hen fêt?
Harri:     Na, gadwch iddo fo Osborne.
```

Mae be sy'n dilyn yn anodd i'w wylio achos 'da ni bron yn pitïo Picton. Mae'r hyn mae o'n ei ddeud am Harri a John Bocsar yn benodol o gas.

```
Osborne:   (yn cyfeirio at Harri) Pwy ydi o,
           'lly?
Picton:    Mab Jim Twliwr, 'sdi. Er, dyn a ŵyr
           pwy ydi tad hwn chwaith.
```

Mae'n mynd o ddrwg i waeth wrth i Picton ddeud ei fod o wedi bod yn nhŷ teulu'r Bocsars "unwaith, unwaith yn ormod 'li", cyn eu galw'n "caridýms".

Ond er ei bod hi'n anodd chwerthin yn uchel ar sylwadau mor gas, mae lot o'r feirniadaeth yn aur pur.

Osborne: Be 'di hanas y Graham 'ma?

Picton: Arglwy, mae o ar ei bensiwn ers blynyddoedd. Peth sala sy ar cae 'ma – ond 'da ni'n cael mini-bỳs yn rhad ganddo fo.

Osborne: Be 'di hanas y Geraint Wyn 'ma?

Picton: Hoples dydi, da i ddim fel y gweli di. Yn jêl mae'i le fo. Lleidar 'di o. Lleidar.

'Awkward' fyddai'r gair Saesneg am be sy'n digwydd yn y Bull yn yr olygfa yma. Ond mae 'na rywbeth i'w edmygu am y ffaith fod Picton heb gael go ar Tecs, Wali na George.

Ydi o'n fwy hoff ohonyn nhw nag oeddan ni wedi'i feddwl?

⚽

Mae modd dadlau mai dyma ydi'r cyfnod lle mae *Midffîld* ar ei orau.

Mae'r Mwfi yn disgyn rhwng Cyfres 4 a Chyfres 5. O'r bumed gyfres ymlaen, mae peth o hud a lledrith *Midffîld* yn gwanhau rhyw fymryn. Ond mae 'na fwy na digon o gynnwys wedi bod i sicrhau fod *Midffîld* yn hawlio'i le fel un o'r – os nad y – 'sitcom' Cymraeg gorau fuodd erioed.

Mae 'na lond trol o olygfeydd eraill y gallan ni fod wedi sôn amdanyn nhw hefyd wrth drio dangos hiwmor *Midffîld*.

Er nad ydi'r bennod o reidrwydd ymysg ein ffefrynnau, mae'r olygfa yn 'Tŷ Fy Nhad' lle mae Wali a'i fam, Lydia Tomos, yn chwarae Monopoly bendant yn haeddu mensh. Pwy all anghofio Mrs T yn trio siarad ei hun allan o ddyled drwy ddadlau gyda'i mab ei bod wedi "llnau ei hen flew budron o o'r bath" am flynyddoedd?

Mewn cyfres sy'n llawn areithiau a monologau doniol, un o'r goreuon heb os nac oni bai ydi Picton yn siarad ar y radio efo Ian Gwyn Hughes i amddiffyn record ddisgyblu Bryncoch – mae honna wastad yn sefyll allan. "Gwranda Ian, dwi 'di bod yn rhedag tîm ffwtbol Bryncoch 'ma ers dros ugian mlynadd, a dwi'm 'di gneud hynny heb aberth – o, naddo. Aberth teuluol. Dwi bron 'di colli nabod ar y wraig 'cw." Ac yn y blaen.

A fedrwn ni ddim anghofio'r clasuron amlwg eraill chwaith – fel Wali'n gweld dau bry wrth chwarae 'Mi wela i efo'n llygaid bach i' yn ei gell yn y carchar, neu'r eiliad eiconig lle mae o'n gofyn, 'Pa wal?' wrth roi tystiolaeth o flaen panel disgyblu'r gynghrair. Neu hyd yn oed yr olygfa pan mae Wali wedi'i strapio i dop car Picton yn gafael mewn megaffon.

A deud y gwir, fysan ni'n gallu mynd ymlaen am byth – mae cymaint o enghreifftiau, a dyna'n union sy'n gwneud *Midffîld* mor arbennig.

PWY 'DI PWY?

Enw: Osborne Picton

Safle / Swydd: Rhedeg tshaen o sports shops yng Nghanada

Cryfderau: Pêl-droediwr da; dawn deud straeon.

Gwendidau: Lleidr; dweud celwydd; dipyn o dderyn.

Hoff ddyfyniad: "Nid yr hen Wali bach wirion 'ma 'di hwn?"

Enw: Lydia Tomos

Safle / Swydd: Mam Wali

Cryfderau: Gonest; clecio peint o mild; bwydo'r gath; llnau hen flewiach o'r bath; papuro.

Gwendidau: Monopoly; collwr gwael; siarad yn y trydydd person; cuddio dynion yn ei wardrob.

Hoff ddyfyniad: "Eitha gwaith iddo fo hefyd, am ddwyn pres ei fam. A pheidied o â disgwyl iddi hi ddod i'w weld o chwaith [yng ngharchar Monopoly]."

Enw: Elizabeth 'Elsi' Picton

Safle / Swydd: Gwraig Arthur Picton

Cryfderau: Perthynas efo'i mam; amddiffynnol o Sandra a George; coginio cinio dydd Sul (pan yn bresennol); tynnu coes.

Gwendidau: Methu cysgu ar ôl cael ei deffro; symud wardrobs; carpedu'r grisiau; sgiliau cymdeithasol; yn aml yn gadael Picton heb swpar.

Hoff ddyfyniad: "Yn y gegin 'na fydda i rŵan yn yfad te drwy'r nos!"

CWIS

ROWND UN
LEFEL: HAWDD. BILL SHANKLY!

Cwestiynau:

1. Be ydi enw ffarm Tiwdor?

2. Be ydi cyfenw Breian Fawr?

3. Be ydi enwau llawn plant George a Sandra?

4. Yn y bennod 'Y Trip', pwy ydi gwrthwynebwyr Bryncoch yng nghwortyr ffeinal y Ronson Cup?

5. Yn 'Seren Ddisglair', efo pwy mae Picton yn meddwl y mae Sandra yn mynd ar ddêt?

6. Be ydi enw gwraig Breian Fawr?

7. Be oedd gwaith tad Wali?

8. Yn y bennod 'Tibetans v Mowthwelians', be ydi enw'r dyfarnwr sy'n aros yn nhŷ Wali?

9. Be ydi enw brawd Arthur?

10. Be ydi swydd Harri?

11. Be ydi enw becws Arthur Picton?

12. Pwy ydi ysgrifennydd y lîg?

ROWND DAU
LEFEL: COSI COSI. GWEDDOL, TE!

Cwestiynau:

1. Ym mhennod 'Yr Alffa a'r Omega', be oedd enw'r tri myfyriwr oedd ar gael i chwarae yn y semi-ffeinal yn erbyn Y Bont?

2. Yn y bennod 'Wrth Gicio a Brathu', be mae Wali yn ei ddefnyddio i ddod o hyd i oriadau Tecwyn?

3. Pa rif oedd ar gefn crys George yn ei gêm gyntaf i Fryncoch?

4. Pa liw car oedd gan Mr Craig?

5. I le mae Lydia Tomos wedi mynd tra bo George yn aros yn nhŷ Wali?

6. Sut gar sydd gan Harri?

7. Yn 'Tibetans vs Mowthwelians', pam bod Lydia Tomos wedi codi am 05:00?

8. Allwch chi enwi'r ditectif arolygydd aeth i dŷ Picton ym mhennod 'Meibion Bryncoch'?

9. Pwy sy'n diffodd y golau am 10:15 yn ystod ymarfer y panto?

10. Be ydi enw cywir cymeriad yr actor Iwan 'Iwcs' Roberts?

11. Be ydi swydd Reg Clark?

12. Pryd mae Wali yn cael ei ben-blwydd?

ROWND TRI
LEFEL: FEDRWN NI DDIM HYD YN OED ATAB HEIN!

Cwestiynau:

1. Yn 'Nadolig Llawen?', faint o bres gododd Wali wrth werthu tocynnau raffl a chanu carolau?

2. Be oedd enw partner Huw y plismon cyn Derek?

3. Ym mha flwyddyn gafodd Elsi ei geni?

4. Yn ystod cyfnod Wyn Tomos fel rheolwr mae Tecs yn cael drop. Pwy sy'n cymryd ei le fel golwr?

5. Lle yn Lloegr mae cwrs cymorth cyntaf Tecs?

6. Pwy mae Wali yn ei weld yn Siop Magwen?

7. Be ydi enw'r hen ddynes 'landlady' sy'n rhoi sws ar foch George ym mhennod 'Wrth Gicio a Brathu'?

8. Be ydi enw llawn ail wraig Arthur?

9. Ar ddechrau pennod 'Bryn o Briten', pwy oedd wedi canslo cwis?

10. Pwy mae Reg Clark yn ei dynnu oddi ar y cae er mwyn i Bryn gael chwarae?

11. Yn y bennod 'Cymorth Hawdd ei Gael', faint o blant sydd gan Rachel?

12. Yn ogystal â dodrefn Wali a Lydia Tomos, eiddo pwy arall sydd wedi cael ei ddwyn ym mhennod 'Lladron y Nos'?

Atebion *ROWND UN*:

1. Fferm Wern Bach

2. Morris

3. Dafydd Arthur George Huws a Gwenllian Angharad Elizabeth Huws

4. Cei Connah

5. Glyn

6. Glenys

7. Saer coed

8. Jo Phillips

9. Osborne Picton

10. Gyrru loris

11. Bara Beunyddiol

12. Wilff

Atebion *ROWND DAU*:

1. Gareth, Emyr a Meurig

2. 'Mental' Detector

3. 12

4. Melyn

5. Tattershall

6. Ford Fiesta glas

7. Papuro'r parlwr

8. Ditectif Arolygydd Crooks

9. Gwil

10. Brian 'Paul' Roberts

11. Peintiwr ac addurnwr

12. Ebrill 1af

Atebion *ROWND TRI*:

1. £115.75 a washar
2. Trefor
3. 1939
4. Keith
5. Rotherham
6. Glenys Tyddyn To
7. Ffrida
8. Elen Margaret Picton (née Griffiths)
9. Hogia'r Lion
10. Eric
11. Pump o blant
12. Mrs Jeffries

GEIRFA

Yn nhrefn yr wyddor…

Amgenach
Pethau eraill neu wahanol i'w gwneud e.e. symud wardrob yn hytrach na dewis carfan bêl-droed.

Asi ffeta
Ebychiad, yn aml gan ddynion canol oed blin; ond hefyd gwm planhigion arbennig, wedi'i sychu, sy'n dod o'r enw cywir Asafoetida.

Cehenna
Lle o gosb dragwyddol, yn aml wedi'i ddehongli fel uffern neu le o fflamau cosbol. Yn tarddu o Ddyffryn Hinnom ger Jerwsalem, lle roedd defodau tanllyd yn digwydd, mae'n cynrychioli'n ffigurol le o farn, dioddefaint neu ddinistr ysbrydol – neu'n ddisgrifiad annheg o gymuned Bryncoch.

Caci Mwnci Diawl
Dywediad sy'n cael ei ddweud yn aml mewn gwylltineb am rywun sydd wedi mynd yn groes i gyfarwyddiadau neu dorri rhyw fath o gyrffiw.

Camsefyllian
Term amgen am 'camsefyll', sy'n aml yn cael ei ddefnyddio pan yn cyfeirio at bobl gyda'r cyfenw 'Gwyn Hughes'.

Caridým
Dihiryn neu rapsgaliwn (riff-raff) e.e. teulu'r Bocsars.

Ciando
Dod o'r gair 'cefndo' oedd yn golygu tŷ'r cipar neu tŷ'r heliwr (huntsman's lodge). Hefyd yn golygu cenal neu le i roi eich pen i lawr.

Ciw
Y weithred o feichiogi dynes o Fryncoch a ffoi i Ganada.

Cludiant
Cludo rhywbeth neu rywun o un lle i'r llall. Roedd pwyllgorau cludiant yn ddefnyddiol yn y ganrif ddiwethaf cyn paratoi am deithiau tramor e.e. o Fryncoch i Gwpan y Byd Yr Eidal yn 1990.

Clustan
Ergyd i'r glust neu ochr y pen, yn debyg iawn i 'bonclust'.

Consyntreiddio
Gair amgen am 'canolbwyntio'.

Cwennod
Mwy nag un iâr ifanc neu barti i grŵp o ieir.

Epil
Plant bach neu ddisgynyddion, 'offspring' yn Saesneg.

Erthyl
Gair amgen am adroddiad newyddion, gan amlaf mewn papurau newydd lleol.

Fadwch
O'r gair 'anfadwch' sy'n golygu anhwylder neu salwch, fel arfer yn cael ei ddal o ddysgl y gath.

Ffernols
Gair sarhaus am bobl sy'n dod o uffern, e.e. heddweision sy'n ymchwilio i achosion o ddwyn defaid.

Insinyretio
Gair amgen am fod yn awgrymog.

Jezebel
Ffigwr benywaidd dadleuol o'r Beibl sydd wedi dod yn symbol o anfoesoldeb.

Llwyrymwrthodwr
Rhywun sydd ddim yn yfed alcohol nac yn bwyta cig.

Mochyndra
Yn gweddu'n dda gyda'r gair 'aflan' i ddynodi rhyw fath o ffieidd-dra, yn enwedig yng nghyd-destun pornograffi Sgandinafaidd.

Penci
Math o siarc bach neu rywun sy'n tynnu'n groes; ffŵl.

Penmaenmawr
Enw ardal yng ngogledd-orllewin Cymru ond hefyd gair slang am gur pen, yn amlach na pheidio ar ôl yfed gormod o alcohol.

Point
I fynd ar ddêt.

Pôc
Y weithred o roi dwrn i rywun ym Mryncoch a ffoi i Ganada.

Potsio
Pysgota heb drwydded.

Rargol
Siawns mai gair sy'n deillio o 'Arglwydd'? Talfyriad o 'yr Arglwydd' i gyfleu sioc neu syndod.

Rhuban
Yng nghyd-destun pêl-droed, y weithred o roi cic nerthol i'r bêl heb lawer o sgil na chrefft, yn aml gyda'r nod o sicrhau fod y bêl yn mynd yn bell, e.e. "Rhuban iddi, John Bocsar!"

Rhychu
Math o daclo caled, neu fudur hyd yn oed, ar gae pêl-droed.

Rowndaboiti
Gair deheuol am gylchfan.

Smashing
Gair Saesneg sy'n cael ei orddefnyddio gan adeiladwyr a/neu gynghorwyr i ddynodi bodlonrwydd.

Sgiws-mi
Gair i ddal sylw neu i ofyn am gael esgusodiad.

Sglyfath
Gair sarhaus am unigolyn troëdig/pechadurus sy'n deillio o "ysglyfaeth".

Sgamp
Rhyw fath o ddihiryn, sy'n aml yn destun cywilydd i unigolion mwy parchus cymdeithas.

Symol
Os yn teimlo'n 'symol' dydych chi ddim yn teimlo'n dda o ran eich hiechyd.

Tic-tacs
Dywediad amgen am dactegau pêl-droed; ddim i'w gymysgu gyda math o fferins blas mintys.

Trampio
Cerdded yn drwm ei droed neu ei throed e.e. fel rhyw hen eliffant mawr mewn tŷ.

Twmffat
Hidlydd o fath, neu air amharchus am rywun sy'n reit dwp.

Uffern
Gair tafodieithol sy'n tarddu o ardal Tremeirchion i gyfleu ebychiad o fath ar ddiwedd brawddeg.

Ysgrythur
Hen enw am bwnc ysgol sydd bellach yn cael ei adnabod fel Astudiaethau Crefyddol, neu ryw amrywiad ar hynny.